Historias de negociadores

Diseño de tapa:
EL OJO DEL HURACÁN

FRANC PONTI
MIGUEL A. R. DONADÍO

Historias de negociadores

Para que tus próximas negociaciones
sean exitosas

GRANICA

ARGENTINA - ESPAÑA - MÉXICO - CHILE - URUGUAY

© 2017 *by* Ediciones Granica S.A.

ARGENTINA
Ediciones Granica S.A.
Lavalle 1634 3º G / C1048AAN Buenos Aires, Argentina
Tel.: +54 (11) 4374-1456 - Fax: +54 (11) 4373-0669
granica.ar@granicaeditor.com
atencionaempresas@granicaeditor.com

MÉXICO
Ediciones Granica México S.A. de C.V.
Valle de Bravo N° 21 El Mirador Naucalpan Edo. de Méx.
53050 Estado de México - México
Tel.: +52 (55) 5360-1010 - Fax: +52 (55) 5360-1100
granica.mx@granicaeditor.com

URUGUAY
Tel: +59 (82) 712 4857 / +59 (82) 712 4858
granica.uy@granicaeditor.com

CHILE
Tel.: +56 2 8107455
granica.cl@granicaeditor.com

ESPAÑA
Tel.: +34 (93) 635 4120
granica.es@granicaeditor.com

www.granicaeditor.com

GRANICA es una marca registrada

ISBN 978-950-641-913-4

Hecho el depósito que marca la ley 11.723

Impreso en Argentina. *Printed in Argentina*

Ponti, Franc
    Historias de negociadores : para que tus próximas
negociaciones sean exitosas / Franc Ponti ; Miguel Do-
nadìo. - 1a ed. - Ciudad Autónoma de Buenos Aires :
Granica, 2017.
    128 p. ; 22 x 15 cm.

    ISBN 978-950-641-913-4

    1. Negociación. I. Donadìo, Miguel II. Título
    CDD 650

*Me gustaría dedicar este libro a todas
las personas y entidades que se ven obligadas a
negociar con poder y recursos escasos.
Eso se llama **valentía**.*

Franc Ponti

*A mis padres, Rodolfo y Dolly,
que siempre me dejaron elegir mi camino
en libertad.*

Miguel A. R. Donadío

ÍNDICE

AGRADECIMIENTOS

Franc Ponti

La original idea de escribir un libro sobre relatos e historias de negociación es de Miguel Donadío. Mi agradecimiento por haber querido contar conmigo en la siempre maravillosa aventura de la cocreación.

Gracias a los miles de alumnos de negociación y conflicto que he tenido en los veinte últimos años en EADA. De muchos de ellos aprendí, sin que lo supieran, los verdaderos secretos del arte de negociar.

Gracias, Marina. Contigo empezó todo.

Miguel A. R. Donadío

Compartir con el maestro Franc Ponti una publicación en materia de negociación es un gran honor para mí. He sido un seguidor de todas sus publicaciones y estrechar lazos académicos con Franc desde mi querida Bahía Blanca, en Argentina, es maravilloso.

He tratado de poner mi mejor esfuerzo y traducir mis más de veinte años de estudio y trabajo profesional en materia de negociaciones para que los lectores, a través del resumen de unas cuantas historias adaptadas, puedan extraer sabias enseñanzas de grandes negociadores para mejorar sus habilidades y competencias.

Quiero dedicar este libro a todos mis maestros y profesores de la escuela primaria, de la escuela secundaria y de las universidades a las que asistí durante toda mi vida. A ellos, mi profundo agradecimiento.

Obviamente, a mis dos hijos Francisco y Marcos, que son la razón de mis días.

A Marcela, abnegada madre de mis hijos.

Y a Paula, compañera de la vida, de quien aprendo muchos argumentos que ella suele utilizar para torcer con éxito gran parte de las negociaciones que mantiene conmigo.

IDEA DEL LIBRO

Relata en formato *storytelling* varias historias de negociadores de manera llana y amena para llegar a un público masivo. Se busca que mediante dicho formato los lectores puedan conocer los factores que influyen en una negociación exitosa.

Después de cada narración se hace un resumen con un enfoque académico que sustenta la importancia de los diferentes factores destacados de cada uno de los relatos, consiguiéndose así una mezcla que abarca con sencillez y a la vez con profundidad la temática de la negociación.

Se incluye un decálogo, al final de todos los capítulos, con una síntesis de los factores clave desarrollados en cada historia para una mejor internalización del lector.

El libro contiene dos anexos que ahondan, uno, en la importancia de la creatividad, tan en boga hoy día en la cultura de las organizaciones y que tampoco pasa inadvertida en el mundo de las negociaciones, y otro que incluye la descripción de un nuevo modelo de negociación.

Nos ha parecido importante incluir, al principio de cada historia, un dibujo que sirva para anclar el factor clave de la negociación tratado en ella.

RESUMEN DE CADA HISTORIA

Capítulo 1. Piense en una mirada distinta

Relata una historia de negociación en la que está involucrado el expresidente de los EE.UU., Theodore Roosevelt, a través de la cual se destaca la importancia de tener una óptica diferente sobre un problema dado.

Capítulo 2. Eduque a su oponente

Cuenta la historia de negociación en la que estuvo comprometido el célebre genio de la industria automotriz Lee Iacocca, quien, con un estilo diplomático y muy estratégico, logró salvar los avatares de una gran negociación.

Capítulo 3. El mito del estilo duro

El relato apunta a romper con el mito del negociador que quiere imponer a la fuerza su criterio, lo que se ejemplifica a través del famoso conflicto que experimentó el gobierno argentino bajo la conducción del presidente Néstor Kirchner con el sector agropecuario de este país.

Capítulo 4. El factor humano en una negociación

Este relato destaca el trabajo negociador que llevó adelante el líder mundial Nelson Mandela en su país para encauzar un conflicto racial de muchos años.

Capítulo 5. El arte de ejercer presión

Esta historia convoca al millonario Donald Trump, quien nos enseña cómo con una buena estrategia de presentación de una negociación puede ejercerse presión de manera exitosa.

Capítulo 6. El poder puede cambiar de manos

En este capítulo se relata un conflicto histórico que involucra al Reino Unido y a la Argentina en la disputa por la soberanía de las Islas Malvinas y se destaca la dinámica pendular que puede tener el poder en una negociación.

Capítulo 7. Juegue con el factor tiempo

Las historias en las que un David derrota a un Goliat siempre resultan atractivas; y en este relato se subraya la inteligencia que tuvieron los vietnamitas para sorprender a los norteamericanos en la negociación diplomática con motivo de la terrible guerra que los involucró durante más de una década.

Capítulo 8. Apueste siempre a la creatividad

Esta breve historia destaca el papel de Roger Fisher como asesor del gobierno de Ecuador en la negociación con el gobierno de Perú para evitar un conflicto armado, utilizando el factor de la creatividad como una herramienta genial para destrabar lo que podría haber resultado en una gran tragedia.

Capítulo 9. Negociar siempre es mejor que imponer

En este relato, que tiene como actores a un municipio y a una gran compañía multinacional, se recalca la idea de que apostar por la negociación colaborativa con inteligencia siempre produce mejores resultados que recurrir a las negociaciones simplemente competitivas.

Capítulo 10. Acuerde siempre con grandeza

Esta última historia, referida al actual conflicto entre el gobierno español y los catalanes, nos hace ver que a veces se acaban las herramientas para destrabar una negociación y es necesario apelar a valores supremos.

Capítulo 11. Maneje el tablero de la negociación como un gran ajedrecista

Este relato nos trae a escena a quien lidera la tabla de multimillonarios del mundo, Bill Gates, cuando, gracias a una visión de todo el tablero negocial, sentó las bases de su gran imperio económico.

Capítulo 12. Proyecte su negociación hacia el futuro

En esta historia contamos las consecuencias fatales que trajo a toda la humanidad la firma del Tratado de Versalles que, más que conseguir la paz, sentó las bases de una tragedia inimaginable. Proyectar la negociación hacia el futuro es una buena herramienta para no generar escenarios más conflictivos.

Decálogo del buen negociador

Se incluye una sección que resume sintéticamente cada uno de los conceptos relevantes de cada historia.

Anexo I. Consejos para ser más creativos durante las negociaciones

En este breve capítulo se destaca la importancia de la creatividad en una negociación, se desarrollan algunas técnicas y se brinda un ejemplo práctico.

Anexo II. Consejos para preparar una negociación exitosa.
El Modelo de las 10 profesiones

El Modelo de las 10 profesiones pone a disposición del lector un novedoso método para preparar una negociación.

PRÓLOGO

Jamás negociemos con miedo, pero jamás temamos negociar.

John F. Kennedy

El siglo XXI se está convirtiendo en el siglo de la negociación. La humanidad se ha dado cuenta de que su huella está ocasionando cambios que atentan contra el futuro de la propia especie humana. Los cada vez más evidentes y preocupantes impactos sobre el medioambiente han empujado a los países a buscar y acordar soluciones urgentes a escala global, con el fin de preservar el planeta para las futuras generaciones.

Esta coyuntura, totalmente inédita en nuestra historia, viene acompañada por manifestaciones que han estado presentes a lo largo de milenios, pero que en este siglo se han agravado en casi todo el mundo, como la desigualdad, la pobreza y la inmigración, junto con nuevas epidemias y conflictos bélicos, y, además, con el peligroso telón de fondo del narcotráfico y el terrorismo sin fronteras.

Es difícil imaginar que este escenario tan complejo, en un mundo de enormes desigualdades y de intereses contrapuestos, se pueda enfrentar y menos aún resolver sin alcanzar acuerdos efectivos entre regiones y naciones. Nunca ha sido tan necesario negociar como en esta época, desde el plano familiar hasta el comunitario, gremial, empresarial, institucional, político, gubernamental e, inclusive, el de la sociedad como un todo, con el fin de resolver diferencias y enfrentamientos.

En el mundo empresarial, está llegando a su fin la era de las corporaciones todopoderosas que, en su afán de crecer y aumentar continuamente la rentabilidad, han priorizado lo económico y financiero muy por encima de lo social y lo ambiental. El conocido escándalo de la manipulación de emisiones vehiculares por parte del grupo automotriz Volkswagen, que se destapó en 2015, es un ejemplo más que evidente de las graves repercusiones que pueden sufrir las empresas, por enormes que estas sean, cuando su actuación atenta contra la ética, viola el marco legal, afecta el medioambiente o incide negativamente en las comunidades o en sus propios empleados.

Hoy, para que una empresa pueda ser viable y perdurable, debe atender por igual las dimensiones social, ambiental y económica, y establecer una relación genuina, transparente y valiosa con todos aquellos individuos o grupos a quienes puede afectar. Para ello debe negociar, y de igual a igual, en función de las múltiples y diversas expectativas, posiciones y demandas de los denominados grupos de interés.

Desarrollar una cultura y capacidades de negociación será cada vez más crítico para el éxito futuro de cualquier organización, tanto privada como pública. Por lo tanto, quienes tengan responsabilidades de gestión o de liderazgo requerirán conocer y dominar conceptos, estrategias y técnicas efectivas para negociar, como parte de sus competencias básicas. Desde esta perspectiva, *Historias de negociadores* llega en un momento sumamente oportuno.

A partir de una diversidad de casos emblemáticos, situados en diferentes tiempos, geografías, ámbitos y culturas, este libro nos conecta directamente con experiencias reales de negociación y nos amplía la mirada, más allá del tradicional juego de poder entre las partes. La creatividad, la empatía y la emotividad cobran vida como claves para el éxito de cualquier negociación.

Historias de negociadores, mediante un conjunto de relatos bien seleccionados, explota al máximo el poder de las historias para extraer aprendizajes sumamente útiles, explicados de una manera amena, sencilla y práctica. Sus autores, Franc Ponti y Miguel A. R. Donadío, son dos reconocidos expertos internacionales en negociación que en este libro complementan y potencian sus perspectivas, sus enfoques y experiencias, desarrollados en sus actividades académicas y de asesoría a múltiples organizaciones en diversos países.

A quienes hayan participado o estado al frente de alguna negociación, este libro no solo les hará recordar situaciones vividas, sino que además los ayudará a reconsiderarlas desde otra perspectiva y derivar nuevos aprendizajes. Y a quienes estén por entrar a su primer proceso de negociación o se encuentren interesados en esta temática, les facilitará adentrarse en ella a través de un tratamiento sencillo y a la vez sólido.

A lo largo de mi experiencia como consultor en desarrollo organizacional y educación gerencial, he podido constatar, en todo tipo de organizaciones de diferentes países, que existe una creciente necesidad de formar en competencias estratégicas a los futuros líderes para el éxito de su desempeño. La negociación, bajo un enfoque de creatividad y de relaciones humanas, se ha posicionado en el grupo principal de esas competencias. Para ello, *Historias de negociadores* se constituye en una valiosa herramienta para el desarrollo gerencial y del liderazgo, al incluir ejercicios, análisis académicos, un anexo sobre creatividad y otro con un nuevo modelo de negociación que, junto con la descripción de los casos reales, ayudarán a complementar y fijar el aprendizaje.

Franc Ponti y Miguel A. R. Donadío han logrado en este libro una combinación ideal de sencillez, profundidad y practicidad sobre una temática cada vez más relevante. Nunca fue tan importante negociar como en este siglo xxi. Y nunca fue tan urgente adquirir y fortalecer la capacidad de ser buenos negociadores, tanto en nosotros mismos como en los equipos que lideramos.

Juan José Ferrer P.
Buenos Aires, septiembre de 2016

CAPÍTULO 1

PIENSE EN UNA MIRADA DISTINTA

Historia

En negociación, las distintas maneras de enfocar una situación conflictiva pueden marcar la gran diferencia para llegar a buen puerto. Veamos cómo, en esta historia, una mirada distinta del problema posibilitó una solución exitosa.

Corría el año 1912 y el célebre Theodore Roosevelt llegaba al final de una disputada campaña electoral por la presidencia de los Estados Unidos. Para alcanzar el triunfo le resultaba esencial realizar una gira por todo el territorio del país. En el afán proselitista, los publicistas de campaña mandaron imprimir tres millones de copias de un folleto con la fotografía del candidato y una leyenda que decía: "Confesión de fe". Grande fue la sorpresa de los asesores cuando descubrieron que debajo de la imagen del aspirante a la presidencia se leía: "Moffet Studios, Chicago", a la sazón el propietario de los derechos de autor de la fotografía.

En aquellos tiempos el precio por el uso de los derechos de autor podía rondar un dólar por folleto; pagar tres millones de dólares era impensable y materialmente imposible. El análisis situacional de los asesores no se apartó de ciertas lógicas y por ello las alternativas resultaban una peor que la otra. Veamos qué caminos contemplaron como opciones para solucionar el problema.

1. No usar los folletos era una posibilidad, pero definitivamente hundían las chances de Roosevelt en las urnas.
2. Usar los folletos con la foto y sin permiso del propietario de los derechos de autor podía traer consecuencias indeseadas: desde lo político, por el escándalo que pudiera provocar la cuestión, y desde lo económico, por quedar obligados a pagar una considerable cantidad ante una segura demanda judicial.

Luego de muchas elucubraciones los colaboradores llegaron a un consenso con respecto al mejor camino a seguir: negociar los derechos de autor para poder usar los folletos durante el escaso tiempo de campaña que quedaba. Pero los asaltaba una tremenda duda: ¿cómo negociar?

La mayoría de los integrantes del equipo consideraba que las esperanzas de lograr una buena negociación eran mínimas. La legislación vigente sobre los derechos de autor y el factor tiempo, por estar próxima la fecha de las elecciones, daban un inmejorable poder a favor del fotógrafo en la negociación. Las miradas sobre el problema estaban estancadas bajo un prisma convencional.

Ante esa encerrona, los colaboradores de la campaña acudieron al reconocido abogado George Perkins, socio de J. P. Morgan, constructor de ferrocarriles en California y gerente de la campaña de Roosevelt, quien, en un rapto de gran inspiración, cambió el enfoque del análisis sobre la manera de examinar la negociación y sin perder tiempo llamó a su taquígrafa y le dictó un telegrama para los estudios Moffet de Chicago en los siguientes términos: "Estamos planeando distribuir millones de folletos con el retrato de Roosevelt en la portada. Será una gran publicidad para el estudio que usemos. ¿Cuánto nos pagarían ustedes si usáramos vuestra fotografía? Contesten inmediatamente".

Al poco tiempo llegó la respuesta de Moffet: "Nunca hemos hecho esto antes pero, dadas las circunstancias, podríamos ofrecerles 250 dólares". Obviamente Perkins aceptó de inmediato la oferta. Ninguna de las circunstancias reinantes había cambiado, solo el enfoque del problema.

Más allá de lo anecdótico de la historia, lo cierto es que pensar en una mirada distinta que rompa con las lógicas convencionales puede resultar un buen ejercicio para encontrar una mejor salida en cualquier tipo de negociación.

Comentario académico

Para ser negociador hay que ser creativo. La historia que acabamos de leer lo pone de manifiesto de una manera rotunda. Seguir los caminos de siempre, hacer lo que todo el mundo haría, puede ser un gran error. Hay que jugársela y romper esquemas. Nadie habría pensado que existiera la posibilidad de revertir completamente la situación: que fuera Moffet quien acabara pagando un dinero para que la fotografía de su propiedad fuera la elegida.

Ser creativo implica tener muchas ideas y escoger las mejores. Requiere también de grandes dosis de pensamiento lateral: saber encontrar soluciones diferentes a los problemas utilizando vías no convencionales. Finalmente, la creatividad es muchas veces sinónimo de romper reglas, de hacer las cosas al revés de lo que es habitual.

Nuestra mente está preparada para pensar siempre de la misma manera, utilizando patrones lógicos y estructurados en forma lineal. Por eso tanta gente encuentra complicada la creatividad. Pero es cuestión de romper esos esquemas. Ser creativo es jugar con las ideas, buscando más allá de los límites aparentes. Todos podemos hacerlo si lo intentamos sin miedo y sin pensar en lo que dirán los demás. Muchas veces dejamos de ser creativos por miedo a ser juzgados por ellos.

Al negociar, la creatividad es muy útil porque nos permite resolver problemas, desbloquear situaciones y ampliar el terreno de colaboración con la otra parte. Por ello, es importante pensar en ideas creativas antes de sentarnos a negociar. ¿Cómo resolveré este problema, si aparece? ¿Qué alternativas puedo generar si se bloquea la negociación en determinados momentos? ¿De qué manera podemos lograr acuerdos complementarios que ayuden a ampliar el pastel de la negociación? El uso de mapas mentales es una excelente idea: al representar los distintos caminos que la negociación puede adoptar, vamos generando en paralelo diferentes soluciones para cada uno de ellos. Preparar las negociaciones de manera gráfica y con diferentes colores nos ayuda a tener un pensamiento más visual y holístico.

Imagine que su hija Irene no quiere comer verdura. Cada día organiza un pequeño terremoto cada vez que usted le coloca un plato delante. Piense en diferentes ideas creativas

26

que podrían conseguir, sin utilizar castigos, que Irene fuera acostumbrándose a comer ensaladas, verduras, hortalizas y legumbres. Dedique 15 minutos a generar ideas. Hable con su pareja o con sus amigos para recoger sugerencias. Cuando tenga 50 ideas, intente seleccionar las mejores, combínelas entre sí y acabe por hacer un par o tres prototipos de soluciones finales.

CAPÍTULO 2

EDUQUE A SU OPONENTE

Historia

En algunas negociaciones resulta de suma utilidad adoptar el rol de un maestro y educar al oponente para enseñarle las consecuencias negativas que le puede provocar la no aceptación de una propuesta.

La siguiente es una gran historia que hace honor a esa máxima, donde además se enaltece la inteligencia de una persona como herramienta exitosa para negociar.

Nuestro amigo Lee Iacocca, célebre personaje del mundo de la industria automotriz, ha llevado este consejo a la práctica con gran suceso en un asunto de alta complejidad. Algunos decían que por su sangre corría gasolina. Según otros, era un hombre para los autos hasta la médula. Fue un genio del manejo empresarial.

Luego de su brillante carrera profesional en la corporación Ford, fue despedido por Henry Ford II cuando corría el año 1978 bajo un simple pretexto: "En ocasiones simplemente ya no le agrada usted a alguien".

La herida que le había provocado la desvinculación y sus ansias de demostrar que Ford se había equivocado lo llevaron a aceptar una muy delicada propuesta de la competencia. La compañía Chrysler, otro gigante del mundo automovilístico, lo tentó para que asumiera una poderosa gerencia general.

La crisis de su nueva empleadora era total. Chrysler estaba al borde de una segura bancarrota. Mantenía inmensas deudas con más de cuatrocientos bancos, pero lo peor era que no había conseguido hasta el momento alguien que pudiera timonear ese tremendo vendaval. Sus modelos de autos, "tragones de gasolina" en un austero contexto petrolero y con una competencia japonesa feroz, no ayudaban en las ventas para salir adelante. Chrysler se estaba quedando sin dinero para pagar sus cuentas más elementales. Solo la genialidad de Lido Anthony Iaccoca pudo contra viento y marea. Veamos su inteligencia al servicio de una gran situación conflictiva.

Podemos destacar que la mirada holística que tuvo del problema y su inmenso conocimiento de la industria automotriz hicieron posible la concreción de una gran estrategia para llevar a la empresa a buen puerto. Convocó a sus mejores excompañeros de la Ford para armar un excelente equipo, cambió la cultura de trabajo de la compañía, impulsó alianzas estratégicas con los sindicatos, instrumentó una férrea disciplina administrativa y por sobre todas las cosas fue un gran motivador.

Pero más allá de esas acciones que elaboró puertas adentro de la empresa, debió llevar adelante una durísima negociación, sin cuyo éxito todas sus buenas medidas hubieran caído en saco roto. En un estado capitalista como EE.UU., que se enorgullece del desarrollo de la industria privada, a Lee Iacocca se le ocurrió negociar con el propio gobierno de su país un préstamo bajo el lema: "Afianzamiento o bancarrota".

Nunca en toda la historia norteamericana se le había pedido al gobierno federal que entrara al rescate de un fabricante de productos para el consumidor. Sonaba a una locura propia de un trasnochado.

Preparó la negociación con la delicadeza, la minuciosidad y la pasión con la que un orfebre elabora su obra magistral. Se jugaba su impronta personal, su honor, su trayectoria de tantos años. Para sentarse a negociar con el propio gobierno en sus dos ramas decisorias, el poder ejecutivo y el poder legislativo, utilizó su mejor herramienta: la inteligencia, y con ella elaboró su exitosa estratagema.

Los puntos principales sobre los que asentó su maniobra fueron la elaboración de una macrovisión que conectara todas las partes del problema, el armado de una alianza estratégica con el presidente del sindicato de la industria automotriz y la genialidad de sus argumentos para doblegar la voluntad de los legisladores y de los funcionarios gubernamentales.

La táctica utilizada fue educar al oponente. Es importante señalar que era un hombre de una poderosa mentalidad y muy carismático, lo cual resultaba una apreciable ventaja para presentarse ante el Parlamento y concitar una mayor atención a lo que ya de por sí generaba curiosidad. Se trataba de un empresario que quería pedir dinero público para salvar una empresa privada con serios problemas económicos.

En la mesa de la negociación, en pleno Congreso Nacional, Iaccoca no anduvo con rodeos y esbozó unos argumentos cuyo peso resultaba "ilevantable", a pesar de los avezados políticos que lo escuchaban. Un solo hombre logró convencer a un gobierno entero. Toda una hazaña. Veamos cómo esgrimió sus planteos.

Iacocca dijo: "Si el gobierno no nos presta o no nos garantiza recursos financieros por más de 1.500 millones de dólares, que obviamente estamos dispuestos a devolver como se hace con cualquier préstamo, esta empresa vaticina que inexorablemente quebrará, con las consecuencias sociales que acarrearán los 600.000 empleados que quedarán sin empleo". Este solo planteo resultaba por demás conmovedor para cualquier político.

Para clavar aún más el estilete verbal, añadió que si ello ocurría –la quiebra– el gobierno debería hacerse cargo de un presupuesto dos veces mayor, o sea 3.000 millones de dólares, para satisfacer los seguros de desempleos de esos 600.000 potenciales "parados", cuyo golpe caería sobre las arcas del Estado sin posibilidad de devolución.

Hizo valer otra táctica de la negociación: "el poder del gran deudor". Alguna vez alguien dijo: "Si debes un peso es tu problema, pero si debes un millón de pesos el problema es del otro".

Sus dotes de gran orador hicieron que resaltara que la tasa de desempleo subiría alrededor de medio punto en todo el país y de cara a las próximas elecciones iba a quedar claro que los legisladores, cómodamente apoltronados en sus bancas, con salarios de privilegio en comparación con los asalariados de la industria automotriz, no estaban dispuestos a salvar el trabajo de más de medio millón de norteamericanos "votantes" y de todo su conglomerado de familiares y amigos, también "votantes". ¡Todo un caudal electoral!

Con esta sutil aclaración el frío debe de haber corrido por la espalda de los parlamentarios y del propio presidente Carter, quien finalmente aceptó llegar a un acuerdo a principios de 1979 con la corporación Chrysler y concederle un préstamo a devolver en 1990.

Como dato anecdótico, seis años antes del vencimiento del plazo Chrysler pagó de una sola vez 1.200 millones de dólares que restaban del préstamo; ello para que el representante del gobierno no participara más de la junta directiva.

En síntesis: podemos señalar que la inteligencia será siempre la gran herramienta para doblegar cualquier negociación compleja, pero no es menos cierto que elegir el consejo de educar al oponente puede resultar genial a la hora de persuadir a nuestra contraparte para llegar a un acuerdo. Tener una mirada ampliada del campo de batalla es fundamental.

Comentario académico

Aunque tengamos grandes habilidades negociadoras, a veces las cosas no funcionan tal como las habíamos planeado. O quizás después de un buen rato de negociación, la otra parte continúa teniendo una actitud demasiado agresiva que dificulta la consecución de un acuerdo. En estos casos conviene aprender a educar, en expresión del profesor de Harvard, William Ury.

En la historia que acabamos de leer, el protagonista consigue hacer ver a la otra parte los costos de no llegar a un acuerdo. En eso consiste precisamente la práctica de educar al oponente. Hacerle comprender que un no acuerdo tendrá consecuencias mucho peores que cualquier acuerdo que las dos partes sean capaces de cerrar.

Educar es importante porque muchas personas, al negociar, no escuchan o están exclusivamente centradas en sus posiciones. De esa manera, es complicado que se produzca un acuerdo satisfactorio para todo el mundo. Al aplicar la técnica de educar estamos consiguiendo que la otra parte se dé cuenta de eso y que se aperciba de que tiene que cambiar de actitud.

Imagine que está usted negociando con una persona que muestra una actitud cerrada y agresiva. Quizá le está pidiendo un aumento de sueldo de un diez por ciento. Usted le ofrece un tres. Su contrincante se muestra molesto y dice que su contribución a la empresa merece mucho más que un tres por ciento de aumento. Empieza a comportarse de forma desconsiderada y arrogante, mientras afirma que si no le es concedido ese aumento probablemente cambiará de empresa.

Usted le dice: "Mire amigo, si su deseo es cambiar de empresa, yo no puedo impedírselo. Pero usted sabe que está en la organización líder del sector y que aquí se pagan muy buenos salarios. Estoy convencido de que usted merece ganar más dinero. Pero ahora mismo no podemos concederle un aumento del diez por ciento. Sería difícil de encajar en nuestra escala salarial, que siempre ha intentado ser justa y proporcionada. Sin embargo, voy a hacer el esfuerzo de concederle un cuatro. Le ruego que lo acepte, puesto que las consecuencias de lo contrario podrían ser muy negativas tanto para usted como para la empresa. ¿Qué le parece? Quizás en un futuro no muy lejano podremos realizar otro pequeño ajuste al alza".

A nivel psicológico, educar consiste en ayudar al contrario a recuperar su lucidez negociadora. Se trata de liberarlo de cualquier secuestro emocional del que haya podido ser víctima. Al hacerlo, conseguimos que la otra parte reflexione serenamente y se dé cuenta de que es mucho mejor un acuerdo que dejarse llevar por sus emociones desbocadas y romper la negociación.

En esta historia, Iacocca se anticipa a la reacción de sus oponentes a través de la elaboración de un marco global de la situación y de unas líneas pedagógicas que los convencen de que es mucho mejor llegar a un acuerdo que cerrarse en banda y rechazar el posible pacto.

Ya sabe: no se deje llevar por sus emociones, ni por las de su oponente. Edúquelo.

CAPÍTULO 3

EL MITO DEL ESTILO DURO

Historia

Algunos creen que un estilo duro en las negociaciones genera mejores resultados. Lamentamos señalar que si no hubo un diagnóstico acertado que garantice esa estrategia las consecuencias pueden llegar a ser catastróficas.

Esta historia refleja que aferrarse a un estilo agresivo y dominante puede llevarnos a una gran debacle como la que le ocurrió al clan Kirchner mientras conducía la Argentina en el conocido conflicto entre su gobierno y los sectores agropecuarios.

El problema que generó un conflicto de magnitud nacional estuvo vinculado al dictado de la famosa resolución número 125/2008 que durante la presidencia de Cristina Fernández de Kirchner establecía un sistema móvil para las retenciones impositivas a la soja, el trigo y el maíz.

La estrategia negociadora del gobierno estuvo al comando del expresidente Néstor Kirchner, cuya impronta siempre se había caracterizado por un estilo duro de negociación, lo que dicho sea de paso hasta ese momento le había dado muchas satisfacciones en su ascenso al poder.

La disputa se enmarcó con un fuerte sesgo ideológico, y la posición del gobierno se fue endureciendo a través de distintos tipos de acciones cuya escalada generó un descontrol total. Durante varios meses el gobierno promovió movilizaciones contra el campo, presionó a gobernadores, a intendentes y a legisladores para que acompañaran su lucha pero sin resultado alguno.

Sin duda el gobierno transformó una oportunidad en un serio problema, y aún en un momento el pleito impositivo se agigantó a tal punto que la discusión entró a girar sobre la estabilidad del gobierno. La idea de dividir al contrario, que le había dado resultados en la arena política, no tuvo impacto: más bien todo lo contrario, ya que logró homogeneizar a sectores del campo, históricamente enfrentados, como la Sociedad Rural Argentina, fiel representante de los grandes terratenientes, y la Federación Agraria Argentina, entidad defensora de los pequeños y medianos productores agropecuarios del interior del país.

La estrategia más pasional que profesional terminó en pocos meses por desarticular muchas de las adhesiones que el gobierno había cosechado en las últimas elecciones ocurridas sobre fines del año 2007.

Cuando la situación había llegado a límites insostenibles y la sociedad estaba paralizada por el conflicto, la presidenta echó la última carta de muy mala gana y envió un proyecto de ley para aprobar el aumento impositivo con la intervención del Congreso Nacional. Pudo sortear el escollo de la Cámara de Diputados pero en el Senado de la Nación se produjo un hecho inédito en la historia argentina: el voto de los senadores fue un empate clavado en 36 votos a favor y 36 en contra. Tuvo que desempatar el vicepresidente de la Nación, Julio Cobos, que integraba la fórmula presidencial como un extrapartidario. En una madrugada donde la tensión política llegó al máximo, siendo las cinco de las mañana del día 18 de julio de 2008 y luego de una maratónica sesión, emitió su voto diciendo: "Que la historia me juzgue. Pido perdón si me equivoco. Mi voto no es positivo".

El gobierno había sucumbido por abusar de la estrategia de no negociar, de no dialogar, de no ceder ni un ápice y de redoblar siempre la pelea durante toda la larga duración del conflicto. Dicen que el expresidente Kirchner tomó con tanto dramatismo la derrota legislativa que le sugirió a su esposa, a cargo del gobierno, que presentara inmediatamente la renuncia. Cuenta la leyenda que el jefe de Gabinete antes de renunciar llamó urgente al presidente de Brasil Luiz Inácio "Lula" da Silva para que intercediera y lo hiciera cambiar de opinión.

El saldo funesto para el gobierno fue una fuerte pérdida de la imagen presidencial y un importante descenso de su caudal político: la renuncia del ministro de Economía y del jefe de Gabinete de Ministros; la coalición con el vicepresidente quedó trunca hasta el final del mandato; se fracturó la Confederación General del Trabajo entre los sindicatos que simpatizaban con el gobierno y los que defendían a los trabajadores del campo, antiguos aliados; muchos gobernadores, intendentes y legisladores debieron respetar a sus votantes con inserción en el sector rural, y quebraron las mayorías tanto en la Cámara de Diputados como en el Senado de la Nación. Y peor aún: en las elecciones de 2009, todavía humeante el campo de batalla, el oficialismo, con una boleta encabezada por el propio Néstor Kirchner como candidato a diputado, perdió en el distrito más importante del país.

En síntesis, podemos señalar que elegir un estilo duro para negociar puede no ser una buena estrategia, y la persistencia en el error, producir resultados catastróficos. Es fundamental tener un buen diagnóstico de la situación para experimentar el uso de esa estrategia; de lo contrario, conviene elaborar una más inteligente.

En este caso la utilización de un esquema "ganar-ganar" hubiera podido mejorar la política agropecuaria en un contexto mundial favorable para los exportadores de materias primas y carnes, agrandar el pastel aumentando la producción y con ello la recaudación impositiva, lograr un mayor desarrollo de las economías regionales, sumar especialistas del sector del campo al gobierno, aprovechar la crisis para regenerar una alianza política más fuerte, etc.

Comentario académico

Mucha gente, demasiada, piensa que la única forma de negociar es doblegando a la otra parte a través de fuerza y más fuerza. Es el famoso estilo "ganar-perder": lo que yo gano la otra parte lo pierde. Así, las negociaciones se transforman en luchas para conseguir el objetivo que uno tiene, sin importarle lo más mínimo la otra parte.

El caso analizado muestra que, en muchas ocasiones, emplear la fuerza unilateralmente puede no ser la mejor manera de conseguir un acuerdo. El clan Kirchner utiliza todas las herramientas típicas de la negociación competitiva: intentar dividir al adversario, engañar, amenazar... Pero a menudo solo se consigue que la otra parte adopte una actitud todavía más intransigente y que, como consecuencia, la negociación se bloquee.

La negociación competitiva no acostumbra a ser demasiado útil, especialmente si va acompañada de "malas artes" o de técnicas de manipulación o de juego sucio. Veamos unas cuantas...

El bueno y el malo

El "malo" empieza una negociación con exigencias por encima de lo previsto. El "bueno" permanece callado. De repente, el "malo" abandona, en un arrebato emocional, la negociación. El "bueno" trata de cerrar la negociación antes de que el "malo vuelva".

Arriba y abajo

Consiste en hacer una oferta ridícula, muy por encima o por debajo, según la situación, para así despistar a la otra parte.

El *bogey*

Hacer creer que un tema es fundamental para nosotros, cuando en realidad no lo es, para luego intercambiarlo por otra cosa que nos interesa muchísimo más. Por ejemplo, si el precio es lo más importante en una venta para usted, puede centrar sus esfuerzos en la calidad del producto, exigiendo altos estándares. Como no los va a conseguir, puede luego volver al precio exigiendo importantes concesiones.

Escaladas de última hora

Consiste en esperar hasta el final de la negociación y, en el momento de cerrar, pedir algo más. Más tarde, en el momento de firmar, solicitar todavía algo complementario ("Disculpe, se me olvidó...").

Rol hinchado

Una de las partes hace creer a la otra que tiene mucho poder (en la empresa o directamente en la negociación) o mucho dominio de la materia, siendo ambas cosas falsas.

Informaciones falsas

Consiste en exponer datos falsos deliberadamente para confundir o engañar a la otra parte.

Condiciones estresantes

Manipulación deliberada de las condiciones en las que se desarrolla la negociación (sillas, luz, espacio, comidas forzadas en lugares incómodos, distancias interpersonales, etc.).

Cambio de escenario

Cambiar en forma radical el escenario de una negociación: en un restaurante con ruido, en el hall de un hotel con demasiado movimiento, en unas oficinas incómodas, etc.

Adulación primero y concesión después

Se trata de proferir halagos sobre la otra parte, de manera intensa y "convencida" y, tras esperar unos minutos, solicitar concesiones.

Estas técnicas no sirven de mucho en realidad. Pueden resolver puntualmente una negociación competitiva pero a medio y a largo plazo no nos traerán más que dificultades. Es mejor sustituir el estilo competitivo por el de "ganar-ganar", intentando establecer lazos sinceros de diálogo con la otra parte y procurando llegar a acuerdos viables para todo el mundo. De hecho, el mundo cambiará si llega un día en que los humanos seamos capaces de modificar nuestras estrategias negociadoras "de siempre", basadas en la extorsión y la fuerza, por otras centradas en la empatía, la escucha y la colaboración.

Recomendamos la lectura del libro *Negociaciones. Una orientación para enfrentar conversaciones difíciles* de Douglas Stone, Bruce Patton y Sheila Heen para comprobar que, incluso ante las situaciones más complicadas, siempre es interesante adoptar una actitud de calma, colaboración y positiva para la resolución de conflictos.

Ahora, un ejercicio que le marcará la vida…

Siéntese frente a frente con otra persona, con una mesa de por medio. Cierre los ojos, no hable y dese la mano con su colega como para hacer una pulseada. Intente hacer los máximos puntos que pueda en 30 segundos, los que logrará cuando consiga que el dorso de la mano de su compañero contacte con la mesa. ¿Cuál es la mejor manera de lograr muchos puntos? Piénselo, haga el ejercicio comentándole las mismas instrucciones a su colega y solo luego mire la solución.

Solución: consiste en saber ceder. Si los dos contendientes se dejan ganar en forma alternativa ambos sumarán muchos puntos (¿30 y 30 en 30 segundos quizás?). Por el contrario, intentar ganar haciendo más fuerza conduce a la derrota (si la otra persona tiene más potencia muscular), a un empate (si las fuerzas musculares están equilibradas) o a una victoria del más fuerte, pero que nunca será por tantos puntos como los conseguidos a través de la colaboración. Este ejercicio demuestra que es mucho más eficaz y eficiente colaborar que competir.

43

CAPÍTULO 4

EL FACTOR HUMANO EN UNA NEGOCIACIÓN

Historia

A la hora de afrontar una negociación, cualesquiera sean las características de ella, hay que tener siempre presente que intervienen seres humanos. Entonces, los sentimientos, los temores y las emociones son factores a tener muy en cuenta porque una negociación bien enfocada en la relación humana suele pagar buenos dividendos.

El héroe de este relato es nada menos que Nelson Mandela, un hombre que ha pasado a ser uno de los grandes líderes de la historia mundial. Estuvo preso en la cárcel de Robben Island, en Sudáfrica, por cuestiones políticas y ello durante más de 20 años. Cuando llegó a la presidencia de su país, jamás destiló ni un solo gramo de odio hacia sus cancerberos. En Sudáfrica los problemas raciales entre negros y blancos habían sido atroces.

El genio de Mandela pudo más que toda esa historia de sangre, horror y muerte entre hermanos de un mismo país. Su estrategia negociadora, asociada al factor humano, y la elección del deporte como elemento de unión, hicieron ablandar el corazón de muchos sudafricanos y sirvió para dar vuelta una de las páginas más siniestras de la historia de esa nación.

El rugby en ese país es un deporte muy caro al sentimiento de los blancos, y por eso es que durante el período del *apartheid* la comunidad negra presionó en todo el mundo para que ningún equipo compitiera con los famosos Springboks, nombre que recibe el seleccionado de rugby sudafricano.

La jugada de seducción nacional de Nelson Mandela fue magistral, digna de un experto en grandes negociaciones. Apuntó al corazón de los blancos. Sus gestos fortalecieron su capacidad de negociación. Su idea de hacer el mundial de rugby de 1995 en su propio país fue brillante. El deporte es un factor de unión muy intenso y la historia le dio la razón.

El lema de ese mundial, "Un equipo, un país", fue muy apropiado para la ocasión, y la inclusión de un negro, el popular Chester Williams, en el equipo titular amalgamó aún más las cosas para sentir el equipo como con un valor colectivo.

Mandela hizo honor a su estrategia del factor humano desde su primer día en la presidencia, cuando entró a la casa de gobierno y ratificó a todos los empleados blancos que en ese momento estaban recogiendo sus cosas pensando que iban a ser despedidos. Los reunió a todos, les estrechó la mano a cada uno de ellos y les pidió que se quedaran a trabajar con él.

Mandela, con sus 76 años a cuestas, siguió adelante con su estrategia y citó a la casa de gobierno nada menos que al capitán del seleccionado de rugby, François Pienaar, que por ese entonces tenía 27 años. Sus primeras palabras fueron de agradecimiento por distinguirlo con la visita, a lo que el célebre jugador respondió: "No, señor presidente, muchas gracias por invitarme". El propio Mandela le sirvió café con leche y aprovechó para felicitarlo por el triunfo sobre Inglaterra 27-9 ocurrido seis días antes.

Otro de sus grandes gestos dentro de su estrategia del factor humano fue visitar a la selección de rugby en un entrenamiento previo al partido con el seleccionado australiano. La llegada del helicóptero al lugar conmovió al plantel, y las palabras que Mandela les dirigió hicieron lo demás; cuando les dijo: "Os enfrentáis a los campeones del mundo, Australia. El equipo que gane este partido seguirá hasta la final –predijo con gran acierto–. Ahora tenéis la oportunidad de servir a Sudáfrica y unir a nuestro pueblo. En cuestión de mérito, sois iguales a cualquier otro en el mundo. Pero jugáis en casa, y eso os da ventaja. Recordad: todos nosotros, blancos y negros, estamos con vosotros".

Coronó su estrategia cuando en cada partido entraba a la cancha vestido con la camiseta número seis del seleccionado de rugby, que le había regalado François Pienaar, el gran capitán, con quien el día de la final levantaron orgullosos la copa de campeones del mundo. Ese triunfo fue un verdadero orgullo nacional.

Antes de ese trascendental partido, el final de la copa del mundo de rugby, fue al vestuario para insuflar ánimo a sus jugadores. El sueño se hizo realidad aquella gloriosa tarde del 24 de junio de 1995, con 62.000 espectadores en el estadio y millones fuera de él, cuando los Springboks derrotaron al poderoso seleccionado de Nueva Zelanda por 15 a 12.

En síntesis: podemos señalar que en cualquier estrategia de negociación es fundamental tener en cuenta el factor humano. El gran gurú de la negociación Roger Fisher siempre recomienda tener presente que las emociones y los sentimientos son una parte muy importante de las negociaciones. Nunca hay que olvidarlo.

Comentario académico

Las emociones juegan un papel fundamental en la negociación, sin duda. Esta historia, centrada en la generosidad de Nelson Mandela, lo pone de manifiesto.

Una de los principios de vida budista que mejor puede aplicarse a la negociación y al conflicto, reza así: "Lo que resistes, persiste. Lo que aceptas, se transforma".

Efectivamente, cuando nos resistimos a algo o a alguien, esa resistencia hace que acabemos por obsesionarnos. Lejos de resolver el tema, lo hacemos más grande e importante. Si odiamos a alguien, ese odio persistirá en el tiempo. Por otro lado, la aceptación hace que los conflictos se minimicen o desaparezcan. Aceptar no significa ceder totalmente ni dejarnos humillar por la otra parte. Aceptar implica no resistirse, comprender que lo mejor es ponernos del lado de la otra parte. Mandela lo supo hacer magistralmente: intuyó que sus supuestos enemigos en realidad eran amigos. Y esa diferencia, esa aceptación, obró el milagro.

Invitamos al lector a listar cosas a las que se resiste (quizá sin ser consciente): personas, ideas, comportamientos... Dedique un tiempo (a lo mejor unos días) a elaborar la lista. Hágalo con la ayuda de los demás. Pregunte a quienes lo conocen bien por sus resistencias personales.

A partir de ahí, intente cambiar la resistencia (no me gusta, no lo soporto, lo odio, etc.) por aceptación. Vea lo bueno de lo malo. Sea compasivo con personas o ideas. Aprenda a sonreír y a aceptar realidades que no le gustan.

Verá cómo, en poco tiempo, la resistencia se va transformando en aceptación. Se sentirá mejor y estará más capacitado para negociar con éxito.

Inténtelo también con un ejercicio de *heartfulness*. Visualice a la persona o la idea a las que se resiste sentado tranquilamente en una silla. A través de la respiración, vaya transformando odios o resistencias en aceptaciones. Cada vez que los sentimientos negativos lo invadan, experiméntelos con fuerza en el cuerpo y en la mente. Póngales un color, quizás el rojo. Respire y transforme esos sentimientos negativos y sus emociones asociadas en sensaciones de tipo positivo, de color azul. Poco a poco logrará grandes cambios en su vida interior. Abra su corazón a lo negativo y transmútelo. Todos podemos hacerlo. Se trata de alquimia emocional...

Dejarse llevar por las emociones negativas es un error. Daniel Goleman, el célebre autor de *Inteligencia emocional*, describió el proceso como un "secuestro amigdalar". En efecto, las amígdalas del sistema límbico, pequeñas partes del cerebro especializadas en el miedo, cortocircuitan nuestra corteza prefrontal y nos impiden tomar decisiones de manera tranquila y sosegada. Para la negociación es importante tener una mente despejada, tranquila, clara. Los expertos de la Universidad de Harvard dicen: "Separe las personas de los problemas". "Sea duro con el problema, si es necesario, pero blando con las personas." Recomendamos la lectura del último libro del maestro Goleman, *Focus*, y también de *Las emociones en la negociación* del profesor de Harvard Roger Fisher.

Como hizo Mandela, aprenda a sonreír con franqueza ante las situaciones más difíciles de su vida. Aprenda a aceptar, a amar.

CAPÍTULO 5

EL ARTE DE EJERCER PRESIÓN

Historia

En las negociaciones también es importante aprender la diferencia que existe entre una estrategia con capacidad para ejercer presión y aquellos planteos extorsivos que equivocadamente usan ciertos negociadores. Un factor de presión con formas diplomáticas suele ser un mejor antídoto para resolver conflictos que uno amenazante, que en todo caso lo único que logra es generar resistencias y resentimientos entre los negociadores.

Una buena preparación, como siempre decimos, es fundamental para elaborar acciones que puedan conmover la voluntad de nuestro interlocutor, y más aún cuando se trata de generar ideas efectivas para presionar.

El arte de ejercer presión estratégica podemos verlo en esta singular historia que involucra a un destacado negociador como Donald Trump, veterano de mil batallas, cuyo emporio empresarial sabe de infinidad de emprendimientos. Obviamente, como todo buen jugador, son conocidas sus grandes victorias en la materia y no sus derrotas, pero bien vale reseñar esta experiencia negociadora para que aprendamos algunas sutilezas de los grandes maestros del juego de la negociación. Sin duda su última gran conquista es haber logrado nada menos que la Presidencia de los EE.UU., en cuyo trayecto electoral seguramente ha utilizado sus dotes de gran negociador.

La elección de la estrategia de las "amenazas civilizadas" que no dañan las relaciones profesionales fue la que definió el triunfo de Donald Trump en la difícil negociación inmobiliaria que aquí se relata.

La historia dice así:

> Cuando Trump proyectaba la construcción de su sede en Nueva York, la Torre Trump en la Quinta Avenida, necesitaba los derechos de vistas de un pequeño edificio clásico, propiedad de Tiffany & Company, la famosa joyería. Trump estaba dispuesto a pagar cinco millones de dólares, pero temía que Tiffany los rechazara para mantener la integridad arquitectónica de su porción de la Quinta Avenida.
>
> El director de Tiffany era un neoyorquino de la vieja escuela, impecable, llamado Walter Hoving; y Trump organizó una reunión con él para negociar los derechos de vistas. Para preparar el encuentro, y aquí entra a jugar la genialidad de Trump, encargó a su arquitecto dos maquetas muy distintas del proyecto de la Torre Trump.
>
> Durante la reunión con el director de la afamada joyería, Trump le enseñó las dos maquetas. El primer modelo era un edificio elegante, de cincuenta pisos, que según Trump se convertiría en un vecino con clase para la joyería de primerísima fila. Ese era el rascacielos que pensaba levantar Trump si lograba adquirir los derechos de vistas de Tiffany. El segundo era un edificio muy feo y, según Trump, era el que las autoridades del distrito de Nueva

York le obligarían a edificar si Tiffany no cooperaba. La fachada del edificio, que daría a la joyería Tiffany, estaba diseñada con filas de ventanas pequeñas cubiertas de tela metálica. Las dos maquetas de cincuenta pisos se alzaban sobre la mesa del despacho de Hoving, en espera de su decisión. Hoving captó el mensaje y aceptó las condiciones de Trump.[1]

La historia pudo tener otro desenlace si la preparación del oponente de Donald Trump hubiera sido más profesional, aspecto que la forma en como se ha dado a conocer la historia no ha dejado traslucir. De esa manera, el señor Hoving hubiera podido equilibrar la habilidad del magnate que, más allá de la estrategia para presionar, nos deja como enseñanza su evidente esmero para preparar la negociación de buen modo.

En síntesis: podemos señalar que una sutil presión bien presentada puede generar resultados exitosos en cualquier tipo de negociación. Pero atención que es importante su dosificación porque puede equivaler a manejar explosivos si es interpretada como una vil extorsión. Hay que ser cuidadoso con las formas de ejercer presión, evitando que nuestro antídoto se vuelva contraproducente y nos estalle en las manos.

Comentario académico

Los buenos negociadores saben cómo anclar perceptivamente una negociación para así lograr sus objetivos. En el anterior ejemplo, Donald Trump condiciona la percepción de la otra parte a través de una oferta "civilizada" que con-

---

1. Shell, G. R.: *Negociar con ventaja.* Antoni Bosch Editor, Barcelona, 2005, cap. 6, pág. 99.

sigue su propósito. Se trata sin duda de una jugada inteligente: Trump no pretende convencer por la fuerza a su oponente pero desarrolla una estrategia de persuasión que, lejos de generar conflictos, permite que ambas partes encuentren una solución aceptable.

Ejercer presión puede convertirse, sin embargo, en una técnica de manipulación o juego sucio. Para evitar que sea así, debe presentarse de una manera que, en el fondo, equilibre las posiciones de las dos partes. Si la propuesta es solo interesante para una de las partes, es muy probable que la otra no la acepte y, además, se enfade.

Cuando participamos en negociaciones de signo competitivo es importante pensar en la manera de influir en la percepción de la otra parte. Y hay que hacerlo en forma inteligente, sin excedernos aunque también sin quedarnos cortos. Por lo tanto, las habilidades empáticas resultan, una vez más, fundamentales para resolver los procesos negociadores. Si conseguimos ponernos en la piel del contrincante para percibir su visión de la situación, nos será entonces más fácil elaborar estrategias de presión para decantar la resolución de la negociación a nuestro favor.

En las negociaciones colaborativas, no obstante, esa táctica de ejercer presión deberá ser sustituida por una voluntad auténtica de cruzar intereses y de llegar a una situación final que realmente expanda el pastel de la negociación y procure cuantiosos beneficios a ambas partes.

Recomendamos la lectura del libro *Pactar con el diablo*, del catedrático del Programa de Negociación de la Escuela de Derecho de Harvard, Robert Mnookin, donde pueden encontrarse diversas historias de negociación que ejemplifican las diferencias entre luchar y pactar.

CAPÍTULO 6

EL PODER PUEDE CAMBIAR DE MANOS

Historia

En una negociación, a pesar de no resultar *a priori* imaginable, diversas circunstancias, ya sea fundadas en el mérito propio, en cambios en el contexto de la negociación o en errores de nuestro oponente, pueden hacer pasar el poder de negociación de una mano a la otra.

Esta historia de la geopolítica mundial habla a las claras de cómo una de las partes que mostraba un mayor poder de negociación sobre la otra cometió groseras fallas estratégicas que le hicieron perder la situación de privilegio que ostentaba.

Si bien el siguiente ejemplo narra la historia de un conflicto entre países, debemos señalar que en negociaciones comunes también es posible que cambie la situación de poder. Por eso no desespere si cree que su poder negociador resulta en un principio devaluado frente al de su oponente. Tenga presente que las cosas pueden cambiar.

La discusión de la soberanía de las Islas Malvinas entre Argentina y Gran Bretaña es uno de los conflictos internacionales más antiguos, cuya historia ha deparado variaciones a lo largo de los años entre los países contendientes.

Los orígenes de la lucha territorial se remontan a las primeras décadas del siglo XIX cuando, a pesar de existir un comandante político y militar designado por el gobierno argentino, el 2 de enero de 1833 la fragata inglesa Clío irrumpió en ese suelo argentino, usurpándolo. Desde entonces el litigio ha estado vigente.

Las negociaciones diplomáticas se fueron extendiendo en el tiempo con la intervención de la ONU, que mediante sendas resoluciones fijó el marco de actuación de los países en conflicto. La resolución 2065 de la Asamblea General de la ONU de 1965 reconoció la existencia de una disputa sobre soberanía entre el Reino Unido y la Argentina en torno a las Islas Malvinas. De igual manera, reconoció que el caso de las Malvinas se encuadra en una situación colonial que debe ser resuelta teniendo en consideración lo expresado en la resolución 1514, donde se estableció el objetivo de eliminar toda forma de colonialismo. La resolución invita a las partes a dirimir sin demora la disputa sobre soberanía teniendo en cuenta los intereses de los habitantes de las islas.

En 1971 hubo una serie de acuerdos que permitieron iniciar vuelos regulares a las islas desde Argentina y posibilitaron ingresar a los isleños a territorio continental argentino, así como otras facilidades en materia de educación y salud a favor de los malvinenses. Poco antes de su muerte, en 1974, el presidente argentino Juan Domingo Perón recibió una propuesta de soberanía conjunta en las Malvinas, que consideró seriamente, pero a su muerte se frustró dicha posibilidad. Según cuentan los memoriosos, el general Perón tenía tomada la decisión de aceptar la propuesta porque decía que si Argentina ponía la bandera en las islas, la bandera no se sacaba más.

Hasta ese entonces la balanza parecía inclinar el poder negociador hacia Argentina que, por un lado, tenía sólidos argumentos jurídicos tomados en cuenta por la comunidad internacional y había generado una política de vinculación más estrecha con los isleños y, por otro lado, el mantenimiento de las islas por Gran Bretaña, pobladas por ciudadanos que consideraban de segunda categoría, era una pesada carga económica que prefería desatender.

En la mesa de negociación todavía no había ningún indicio del inmenso poder económico que décadas después generarían el producido de la economía pesquera y de la explotación de hidrocarburos.

Finalmente, hacia 1980 se evaluó otra propuesta también favorable a los intereses argentinos llamada *leaseback*, que consistía en una transferencia nominal de soberanía a favor de Argentina sin efectos inmediatos; es decir: las Malvinas serían declaradas argentinas, así figuraría en los mapas, pero a la vez Argentina se las "alquilaría" al Reino Unido por un tiempo prolongado, a determinar.

Como puede apreciarse, la balanza estaba con cierta inclinación a favor de los intereses argentinos, o por lo menos para negociar más favorablemente.

Un yerro estratégico monumental del gobierno dictatorial argentino, como fue la invasión militar argentina del 2 de abril de 1982 en el entendimiento de que la respuesta militar británica no vendría nunca, provocó la muerte de las negociaciones diplomáticas. Así y todo, antes de los combates, se abrió una instancia de negociación con la intervención mediadora de los Estados Unidos a través del general Alexander Haig, durante la cual, con cierta inteligencia negociadora, los argentinos hubieran evitado el juego de suma cero que provocó el posterior triunfo militar de los británicos.

La derrota argentina, tras los tres meses que duró el conflicto bélico, hizo que todo el poder negociador pasara a manos de los ingleses, quienes instalaron una poderosa base militar en el lugar y se negaron sistemáticamente a negociar cualquier cuestión relacionada no solo con la soberanía de las islas sino con las inmensas riquezas pesqueras y petroleras que hacen de los malvinenses, hoy en día, los habitantes del mundo con mayor ingreso per cápita.

En síntesis: el poder de negociación puede ser dinámico, ya sea por nuestra propia estrategia, por cambios en el contexto o por equivocaciones en las acciones de la parte contraria, pudiendo pasar de un lado de la mesa de negociación al opuesto. La otra enseñanza que deja la historia es que el *expertise* negociador de la Argentina nunca estuvo a la altura de las circunstancias luego de los grandes triunfos diplomáticos previos a la Guerra de Malvinas, ni tampoco después del fatídico 1982.

Comentario académico

Esta excelente historia negociadora nos ilumina sobradamente hasta qué punto no deben cometerse errores de bulto en la negociación. Quien tenía poder y legitimidad para negociar (Argentina) perdió la ocasión tras equivocarse clamorosamente. Dicho de otra manera: cuando por error transformamos una negociación en un enfrentamiento sin haber calculado adecuadamente el poder de la otra parte, estamos cometiendo una falta grave sin posibilidad alguna de rectificación.

Imaginemos un directivo que, enfadado ante una injusticia de su jefe, se presenta airado en su despacho y le recrimina su actuación. El jefe sabe que ha cometido un error y está dispuesto, tras un breve forcejeo, a disculparse. Pero, poseído por un ataque de enojo, el directivo utiliza palabras demasiado agresivas que obligan al jefe a invitarlo a abandonar su despacho. Donde podía haber habido una reconciliación, hubo finalmente una guerra donde ganó quien tenía más poder.

En su último libro, escrito en colaboración con el Dalai Lama (*La fuerza de la compasión*), Daniel Goleman nos habla de la importancia de aprender a ser compasivos. La base de la compasión es desapegarse del ego. En las negociaciones, muy a menudo, estamos demasiado pendientes de nosotros mismos y no tanto de la otra parte. Y esto suele no tener un final feliz. Los errores emocionales graves acostumbran a tener como consecuencia que el poder cambie de mano. La invasión militar argentina de las Malvinas en 1982 dio al traste con todas las aproximaciones de paz que se habían hecho con anterioridad, como hemos leído en esta apasionante historia.

Richard Shell, autor del magnífico libro *Negociar con ventaja* y profesor de estos temas en Wharton, nos advierte que en las negociaciones siempre hay que calcular la "balanza de poder". Subestimar la fuerza de la otra parte o ser demasiado prepotentes en nuestras palabras o movimientos pueden dar un giro brusco al proceso negociador.

En un *role-play* de negociación sindical, hace algunos años, uno de los "actores" representaba el papel de director general. Tenía que enfrentarse a una dura negociación con los representantes de los trabajadores de la empresa. Era una persona tranquila, calma, educada y respetuosa. Se había ganado esa fama después de muchos días de asistencia y participación en un curso de habilidades negociadoras. Sin embargo, en un momento dado del proceso perdió súbitamente el control, insultó en voz alta al contrincante y quedó completamente desautorizado. El resto de sus compañeros quedaron estupefactos. ¿Cómo era posible que esa persona sosegada y alegre hubiera cometido un fallo de tal envergadura? Con su actitud, nuestro amigo hizo que el poder cambiara de mano.

CAPÍTULO 7

JUEGUE CON EL FACTOR TIEMPO

Historia

El factor tiempo es una de las variables de poder que puede resultar decisiva para cerrar con éxito una negociación. La parte que llega a controlar el transcurso de las agujas del reloj puede dominar el resultado de un conflicto, aun en situaciones de David y Goliat.

Es fundamental para aprovechar las ventajas del factor tiempo la previa realización de un pormenorizado análisis y una apropiada planificación general de toda la negociación. El tiempo puede jugar como táctica dilatoria y algunos estrategas la aplican cuando una parte conoce las imperiosas necesidades temporales de la otra. El secreto, para quien carece de tiempo, es que esa debilidad no se evidencie bajo ninguna circunstancia y pueda elaborar en consecuencia un plan para contrarrestarla.

Hay un relato que sirve como ejemplo de uno de los casos más relevantes de la historia mundial donde el "factor tiempo" tuvo una incidencia preponderante. El hecho ocurrió a la hora de las negociaciones de París en 1973, cuando norteamericanos y vietnamitas suscribieron los famosos acuerdos de paz a causa de la cruenta Guerra de Vietnam que los tuvo enfrentados durante muchos años.

Los acontecimientos históricos demuestran que la diplomacia del país asiático tuvo el factor tiempo como gran aliado para imponer sus objetivos sobre el gran Goliat norteamericano, que terminó sucumbiendo en todos los frentes.

El factor tiempo presionaba por todos lados al gobierno de Richard Nixon, ya que a la fuerza de los movimientos pacifistas se le sumaba la imagen impactante de los ataúdes de los soldados muertos, y más aún el hartazgo generalizado de todo un país por una guerra interminable, lo cual conformaba un estado de situación insostenible que coaccionaba para finiquitar la contienda de la manera más rápida.

Una serie de tácticas dilatorias fueron puestas en práctica por la delegación vietnamita, todas ellas para hacer jugar el tiempo como factor de poder dominante. En primer lugar, la invitación del propio Nixon a negociar en EE.UU. obviamente no fue aceptada y esas tratativas derivaron en tomar como sede la ciudad de París, en pleno corazón europeo.

En segundo lugar se cuenta que, mientras la representación norteamericana pidió alojarse en el famoso Hotel Ritz porque pensaban quedarse unas pocas semanas, los vietnamitas alquilaron unas casas en los suburbios de la Ciudad Luz, aduciendo al pasar que llevaban luchando más de 300 años, por lo tanto, si la guerra se prolongaba 30 años más lo tomarían como algo natural en su historia.

En tercer lugar no hubo acuerdo entre las partes para elegir el tipo de mesa para sentarse a negociar, ya que en tanto los estadounidenses deseaban una mesa redonda donde no existieran bandos, los vietnamitas preferían una mesa cuadrada similar a la utilizada en la Conferencia de Ginebra. Finalmente se optó por una mesa ovalada.

Dentro del menú de obstáculos interpuestos por los vietnamitas, para consumir más tiempo, tampoco hubo acuerdo sobre la forma de entrar a la sala de reuniones: si entraban todos por la misma puerta, quienes lo hicieran en último lugar darían la impresión de ser el bando perdidoso. Hasta que no se encontró un salón con cuatro entradas, que permitieran ingresos simultáneos, no fue posible iniciar los diálogos de paz.

El tiempo tenía impacto no solo en aumentar el poder de los vietnamitas en el campo diplomático sino también en el propio campo de batalla porque, mientras se llevaban adelante todas estas tratativas, por un lado, la ayuda militar y económica de EE.UU. iba decreciendo, y por otro, el ejército de Ho Chi Minh iba ganando decisivas posiciones militares.

Si bien los norteamericanos tenían la idea de dar la impresión de que ninguna parte había perdido la Guerra de Vietnam y que los acuerdos habían marcado una salida con honor, la verdad es que la aventura en Vietnam era una verdadera catástrofe militar y diplomática para ellos.

En síntesis: es importante jugar con el factor tiempo pero siempre en el marco de una estrategia bien pensada, no vaya a ser que la jugada pueda volverse en nuestra contra.

Solo utilice el poder del tiempo cuando juegue a su favor y sin que las maneras utilizadas puedan derivar en contra de sus intereses. Haga la jugada con la categoría de un buen negociador.

Y, como siempre decimos, tres cosas son importantes a la hora de negociar: prepararse, prepararse y prepararse.

Comentario académico

El factor tiempo es fundamental en una negociación. Lo acabamos de ver a través de las estrategias que los vietnamitas utilizaron en sus negociaciones con los todopoderosos estadounidenses. Cuando una de las partes tiene prisa y la otra lo sabe, la suerte está echada.

Pero, ¿cómo averiguar que el factor tiempo va a ser esencial en una negociación? A veces puede desprenderse del propio contexto negociador, como en el ejemplo. Pero en otras ocasiones podemos deducirlo del comportamiento no verbal de nuestro interlocutor. Un negociador estresado por el factor tiempo tenderá a ser muy directo y conciso en sus demandas, a tensar su cuerpo y sus gestos, y a mostrar incomodidad ante cualquier dilación en el proceso negociador. Un buen observador, por lo tanto, se dará cuenta y actuará con inteligencia, haciendo propuestas más ambiciosas para obligar a la otra parte a ceder si con eso ahorra el tiempo que necesita.

Sin embargo, el uso partidista del factor tiempo puede convertirse en una técnica de juego sucio. Limitar de entrada el tiempo de una negociación ("perdone, sólo dispongo de unos minutos para usted"), especialmente cuando se tiene la sartén por el mango, es una treta vil y de baja categoría, aunque suele funcionar. Para contrarrestarla podemos utilizar el siguiente truco: "Dispense, entonces pasaré en otro momento en el que usted disponga de más tiempo. ¿Cuándo le iría bien? El tema que nos incumbe es demasiado importante como para tratarlo en pocos minutos".

Las distintas culturas del planeta tienen formas también diferentes de gestionar el tiempo. En algunos países, generalmente los asiáticos, se dispone de mucho tiempo para negociar. La India o China serían buenos ejemplos. También en el sudeste asiático, evidentemente, como hemos visto en esta séptima historia. Se trata de culturas policrónicas, en las que todo empieza y acaba permanentemente. Esto contrasta con las mentalidades monocrónicas (Alemania, EE.UU.) en las que los eventos empiezan y terminan de forma más lineal y contundente. Las culturas asiáticas, además, negocian a largo plazo. Para ellas es importante construir una relación con su interlocutor. Es por estas razones que las negociaciones entre oriente y occidente siempre son problemáticas. Lo que unos llaman eficacia (occidente) es percibido por la otra parte como precipitación.

El profesor holandés Geert Hofstede, reconocido experto en negociaciones internacionales, incluye entre sus dimensiones la "orientación a largo plazo", que permite averiguar qué importancia le da determinada cultura al respecto. Ver geert-hofstede.com para más información.

CAPÍTULO 8

APUESTE SIEMPRE A LA CREATIVIDAD

Historia

La creatividad es una fuente de poder que puede resultar determinante para resolver situaciones de conflicto. La genialidad de un negociador creativo es la capacidad para tomarse la pausa justa para ver aquello ante lo que otros han cerrado sus ojos. Hacerse de un espacio para pensar creativamente es fundamental en cualquier proceso negociador.

Muchas negociaciones complejas se iluminan a partir de asociaciones de ideas disruptivas. Es muy importante que tratemos de descubrir esa información invisible que en una negociación nos permite destrabar enfrentamientos.

Esta historia es un clásico de la creatividad aplicada a la negociación. La lucidez de un experto como Roger Fisher permitió encauzar un conflicto limítrofe que llevaba más de cincuenta años de idas y vueltas.

Este relato lo hará reflexionar para que aborde la próxima negociación teniendo a la creatividad como bandera para encontrar una solución.

Ecuador y Perú mantuvieron un conflicto de límites durante más de medio siglo que alcanzó una fuerte escalada militar en 1998, cuando estuvieron a punto de comenzar una guerra. En ese tiempo, las tropas de ambos países habían ocupado zonas en las que se había acordado la desmilitarización y el riesgo del combate era inminente.

Los intentos por destrabar el conflicto habían sido numerosos y variados: habían ensayado la guerra, conversaciones directas, intervención amigable de terceros, mediación y árbitros prestigiosos como el rey de España y el presidente Franklin Roosevelt, etc. Todos con resultado negativo.

El presidente de Ecuador, Jamil Mahuad, recién había asumido el poder y se encontró con semejante problema. Rápido de reflejos, había tomado cursos de negociación y recordó haber sido discípulo de Roger Fisher, a quien telefoneó para conseguir su asesoramiento.

Inmediatamente se pusieron a trabajar en un buen diagnóstico y resolvieron una estrategia de emergencia de corto plazo y otra de más largo aliento.

El plan diseñado incluía la obtención de una fotografía de los presidentes en un ambiente de trabajo amigable para que apareciera en las portadas de los medios de cada país.

El punto era que ambos líderes exhibieran un mensaje de diálogo y de paz para que se instalara en el espíritu de ambos pueblos. Fue una idea simple que resultó exitosa para aplacar los ánimos nacionalistas y contó con la buena relación con el presidente de Perú, Alberto Fujimori; el plan hábilmente definido por Fisher y ejecutado óptimamente por Jamil Mahuad y su equipo diplomático, sirvió para mejorar el proceso negociador.

Pero más allá de algunos detalles estratégicos, el gran secreto del acuerdo de paz estuvo asociado a la capacidad creativa que tuvieron para resolver un conflicto limítrofe donde, como siempre ocurre en estos casos, afloran con intensidad sentimientos chauvinistas que hacen más complejas las relaciones entre países.

El proceso de negociación concluyó con un tratado de paz integral y definitivo que ratificaron los congresos de ambos países.

La inteligencia creativa posibilitó que una parte de la zona en disputa se convirtiera en un "parque internacional de conservación" donde estarían prohibidas las actividades militares y económicas, salvo acuerdo entre las partes.

Otra de las zonas en conflicto se denominaba Tiwintza, lugar donde habían caído en el pasado soldados de uno y otro país, y resultaba ser un símbolo del heroísmo para ambos contendientes.

La genialidad de los negociadores estableció para ese pequeño territorio una solución excéntrica que resultó aceptable para ambas partes, –y eso a veces es lo que más importa–, mediante la cual separaron los derechos de soberanía de los derechos de propiedad. Entonces, esa parte del territorio pasó a formar parte de la soberanía del Estado de Perú, al propio tiempo que se convertía en propiedad privada del Estado de Ecuador.

Con esa solución se entendió que ninguno de los dos países había cedido Tiwintza. Así las cosas, el gobierno de Perú pudo decir: "Tiwintza forma parte de nuestro territorio soberano", y el gobierno de Ecuador pudo señalar: "Poseemos Tiwintza para siempre".

Lo cierto es que desde la firma de los acuerdos, a fines de los años noventa, hasta la fecha no se ha reportado un solo incidente militar fronterizo; el comercio y la cooperación entre los estados han llegado a niveles históricos y la paz ha sido elogiada y valorada por ambos pueblos.

En síntesis: podemos señalar *a priori* que es evidente que si un problema no alcanza a solucionarse durante años es porque está mal elaborado su diagnóstico o, en su defecto, porque el tratamiento empleado para solucionarlo no ha sido el adecuado. En este caso, algo de lo dicho ha hecho perdurar el conflicto a lo largo de tantos años, y la participación de un gran estratega como Roger Fisher pudo visionar la forma de arribar a un acuerdo. La creatividad es un instrumento formidable para construir, aun en situaciones extremas, buenos acuerdos. Tengamos siempre presente que la creatividad se aprende. En su caja de herramientas, cuente con un sombrero de mago para extraer ideas creativas.

Comentario académico

Los más recientes descubrimientos en neurociencia nos hablan de que las personas creativas son especialmente hábiles en relacionar lo aparentemente inconexo. Son capaces de hacer conexiones remotas entre un vaso de agua y, por ejemplo, un zapato. ¿Zapatos de materiales más frescos de lo habitual? ¿Cámaras amortiguadoras de agua en la suela de un calzado deportivo? ¿Zapatos transparentes?

Crear conexiones es importante. ¿Cómo pasar de "serpiente" a "dominó" en solo tres movimientos conectores? Por ejemplo: "serpiente - cascabel - caballo - ajedrez - dominó". ¿Alguna otra posibilidad? ¿Cómo pasar de "mano" a "iglesia" en dos movimientos?

Como ya comentamos en la primera historia, la creatividad es esencial para negociar. Sin ella nos bloqueamos y tendemos a hacer lo de siempre. Lejos de eso, un buen negociador debería aprender a pensar "fuera de la caja" para facilitar así acuerdos inesperados. Eso es lo que sucede en esta interesante historia del conflicto de límites entre Ecuador y Perú, resuelta a través de una batería de múltiples acuerdos entre los que destaca la creación del "parque internacional de conservación".

Pero no nos engañemos: este tipo de acuerdos no se consigue solo gracias a la inspiración repentina de alguien considerado "creativo". Al contrario, dependen del trabajo duro y coordinado de ambas partes. Lejos de discutir y enfrentarse, se trata de abrir un espacio creativo (en esta historia fue coordinado por el experto de Harvard Roger Fisher) donde, a través de procesos de *brainstorming*, pueda llegarse a soluciones conciliadoras, innovadoras y definitivas.

¿Cómo son esas reuniones de *brainstorming* o tormenta de ideas? Como mínimo deben reunir los siguientes requisitos:

– Existencia de un coordinador asertivo, conocedor de la técnica y capaz de utilizar métodos gráficos para plasmar las diferentes propuestas.
– Definición de un "reto creativo" o problema a resolver (también llamado *job to be done*) que centre la temática que reúne a las partes.
– División del tiempo disponible en dos grandes períodos: divergente y convergente. Divergencia implica generación de muchas ideas sin juzgarlas de antemano. Convergencia, por el contrario, significa valoración y toma de decisiones.
– Utilización –imprescindible– de métodos gráficos (por ejemplo el Manual Thinking del experto Luki Huber) para registrar las ideas en forma visible y divertida (*Manual Thinking. La herramienta para gestionar el trabajo creativo en equipo.* Empresa Activa, Barcelona, 2014).

Aplicar la metodología del *brainstorming* a las negociaciones es altamente recomendable. Con ella conseguiremos mayor fluidez para resolver conflictos y generar soluciones donde todas las partes puedan salir ganando.

CAPÍTULO 9

NEGOCIAR SIEMPRE ES MEJOR QUE IMPONER

Historia

Hay ocasiones en que antes de empezar una negociación nos damos cuenta de que tenemos de nuestro lado una ventaja decisiva que creemos nos permitirá lanzarnos hacia una victoria aplastante sobre nuestro rival.

Un buen consejo para el lector es advertirle que en los casos en que el diagnóstico le sugiere una posición fuerte a su favor avance con prudencia. Los pronósticos en los procesos de negociación no siguen la lógica de las matemáticas y los escenarios previstos pueden cambiar en detrimento de nuestro poder.

Por eso, aun creyendo tener o teniendo mucho poder de negociación, es importante predisponerse para llevar adelante un buen proceso de negociación con el objetivo de descubrir nuevos intereses y datos del oponente que nos permitan agrandar el pastel y así poder obtener una tajada mayor.

Abusar de nuestro poder en forma unilateral puede resultar desastroso y una buena lección de ello surge del avasallamiento que sufrió Alemania cuando las potencias aliadas le impusieron a fuerza de bayoneta la firma del Tratado de Versalles en 1919, que resultó ser el preámbulo de la Segunda Guerra Mundial.

En cambio, la historia que vamos a contar, es un buen ejemplo de una situación donde alguien, que detentaba un importante poder de fuego para imponer condiciones, tomó el camino de instar el proceso de negociación para lograr un mejor resultado, cosa que finalmente consiguió.

Las partes de este relato eran: por un lado las autoridades de un pequeño municipio que idearon un plan que les daba un gran poder de negociación, y por el otro una compañía petrolera que tenía una destilería asentada dentro de la zona suburbana de la ciudad con bajas obligaciones fiscales.

El problema tomó dimensión cuando las autoridades de la localidad sugirieron a la empresa negociar un aumento considerable de los impuestos que pagaban porque les resultaban muy bajos para el erario.

El poder de negociación que habían elucubrado desde el municipio se basaba en la ampliación de la zona urbana para que abarcara el lugar donde estaba situada la planta petrolera y así imponerle un aumento impositivo considerable.

O sea que su MAAN (mejor alternativa a un acuerdo negociado) era muy bueno para forzar a su oponente, ya que el mejor plan B de la empresa era mudarse a otra ciudad pero ello resultaba muy costoso. Claramente la balanza de poder estaba fuertemente inclinada para los intereses municipales.

Cuando todo parecía inclinar la acción a favor de imponer la fuerza legal de la reforma urbana y aumentar los impuestos, algunos concejales de la ciudad convencieron a las autoridades de que era mejor negociar que enemistarse con la empresa que más empleo generaba para los lugareños.

Hay que subrayar que siempre hay intereses desconocidos por las partes que en una mesa de negociación pueden aparecer y posibilitar un agregado de valor para ambos actores.

Con gran habilidad, los negociadores municipales transparentaron su poder de fuego; es decir, señalaron que con la simple aprobación de una nueva ordenanza que ampliara la zona urbana y abarcara la sede de la empresa forzarían la suba de impuestos.

Y luego de esa jugada, que de alguna manera "marcaba la cancha" a su favor pero al propio tiempo hablaba bien de ellos por su predisposición a encontrar beneficios mutuos, empezaron un trabajo de exploración de intereses y de evaluación de alternativas que condujeron a un mejor resultado que aquel que hubieran logrado mediante la sola imposición legal.

En un ambiente cordial de negociación, ambas partes trabajaron mancomunadamente para consensuar un acuerdo mucho más beneficioso, que de ninguna manera perjudicara la relación entre ellas ni tampoco impidiera cualquier tipo de escalada del conflicto de intereses.

Es así que contra el aumento impositivo que permitió al municipio costear el arreglo de las calles y la mejora de los servicios públicos que era su gran objetivo, la empresa logró una reducción de gravámenes sobre futuras inversiones y una legislación especial para que sus proveedores pudieran establecerse en una zona cercana dentro del ejido municipal.

En síntesis: la narración de esta historia nos enseña que aun teniendo un gran poder de negociación es importante pensar que sentarnos en la mesa de negociación igualmente nos permitirá agrandar la torta y lograr un trozo más grande de ella.

En la duda, siempre apueste a escuchar a la otra parte y a no perder la idea de que negociar siempre es mejor que imponer.

Comentario académico

Parece mentira pero para muchas personas negociar todavía es sinónimo de ejercer fuerza. Lo vemos todos los días en las contiendas políticas. Lejos de percibir la negociación como una oportunidad para resolver problemas y conseguir acuerdos beneficiosos para todos, la clase política a menudo la utiliza como arma arrojadiza. Demasiado a menudo en política se recurre a amenazas, ultimátums y demás tácticas de juego sucio.

Para negociar hay que tener grandeza. Eso es lo que pone de manifiesto la actitud del municipio frente a la compañía petrolera de esta novena historia. Aún a pesar de tener la ley de su parte y de estar legitimado para ejercer una acción unilateral, el municipio comprendió que siempre es mejor sentarse en la mesa de negociaciones y, de manera calmada y creativa, construir un acuerdo entre todos. El municipio gozaba, como hemos visto, de un importante MAAN. Sin embargo, en vez de utilizarlo en forma agresiva desde el principio, lo tuvo aparcado y solo lo mostró a nivel de información para la otra parte. El municipio entendió que aunque la ley estaba a su favor siempre es promisorio intentar comprender los planes e intereses del contrincante. ¿Y si la empresa hubiera tenido planes de expansión en el municipio? ¿Y si hubiera estado a punto de contratar un centenar más de personas para esa expansión? Actitudes prepotentes o agresivas por parte del municipio hubieran puesto en peligro los planes de la destilería.

Las negociaciones colaborativas no existen desde cero, sino que se construyen. Son los interlocutores los que logran, muchas veces, transformar situaciones de aparente conflicto en otras en las que es posible mostrar todas las cartas y cooperar de manera franca y abierta.

Pero hay personas que creen todo lo contrario. Piensan que el mundo es esencialmente maligno y que, por lo tanto, hay que engañar a los demás, extorsionarlos y abusar del poder propio para obtener los mejores resultados. Los coautores de este texto hemos podido hablar y asesorar a representantes de empresas mineras en Latinoamérica. Nos han contado que muchas veces las empresas del sector abusan de sus derechos sobre la propiedad del terreno y extorsionan a la población indígena y a sus propios trabajadores. El resultado acostumbra a ser un desastre: negociaciones rígidas, basadas en la desconfianza, con amenazas, manipulaciones y engaños. El cuento de nunca acabar. Es mucho mejor aprender a dialogar, a hablar de tú a tú, a escuchar... Directivos o trabajadores, ¿qué más da? Somos humanos y tenemos la obligación de respetarnos y sonreírnos mutuamente y sin hipocresías en las negociaciones.

Recomendamos la lectura de alguno de los libros del conflictólogo Josep Redorta, especialmente *No más conflictos*. Este prestigioso mediador nos muestra algunas de las técnicas para que dos o más partes se escuchen, valoren sus propuestas mutuas y aprendan a resolver situaciones aparentemente imposibles. ¡Si hay conflicto, hay oportunidad!

CAPÍTULO 10

ACUERDE SIEMPRE CON GRANDEZA

Historia

Cuando una situación conflictiva desata fuertes pasiones entre los contendientes es necesario recurrir a ciertos valores o principios que estén por encima de las lógicas de cualquier típica negociación.

Algunos enfrentamientos, para ser resueltos, indefectiblemente necesitan de una buena dosis de grandeza que ayude a sortear los obstáculos que bloquean las posibilidades de un acuerdo satisfactorio.

Hemos dejado para el final una historia todavía irresuelta que compromete a dos actores relevantes como son

España y Cataluña, que también servirá para iluminar al lector en las oscuridades que se nos presentan como negociadores. A pesar de haber subido la intensidad de ese conflicto, el proceso de negociación parece no estar todavía encaminado dentro de un marco adecuado.

Puede que los españoles y los catalanes tengan la solución a la vista. De su propia experiencia histórica pueden tomar una gran lección. No será fácil. Deberán extremar sus buenos oficios para dar al mundo entero una nueva clase de consenso social tal como lo hicieron en su momento con la firma de los llamados Pactos de la Moncloa.

La negociación política que llevaron adelante los españoles para salir de la crisis de 1977 fue un éxito mundial que el tiempo agigantó y que los tiene que enorgullecer porque la gran transformación del país se construyó sobre la arquitectura de aquellos acuerdos. España despertó para siempre de una autocracia que la había sumido en un profundo estancamiento.

No creemos que las tremendas pasiones que encerraban aquellas febriles negociaciones de fines de los años setenta fueran de menor intensidad que las que actualmente enfrentan a Madrid con Cataluña. En cierto tipo de negociaciones es vital que la pasión humana se rinda ante valores superiores que permitan lograr acuerdos propicios para ambas partes.

Aquel proceso de negociación puede servirnos para extraer algunas ideas que encaminen esta historia hacia una solución que pueda volver a ser ejemplo para el mundo entero. Recordemos que Nelson Mandela fue un ejemplo en unir a los sudafricanos en lo que parecía un sueño inalcanzable, y con grandeza lo logró.

Pero vayamos al caso que nos convoca y tracemos algunas líneas de análisis.

Cuando los conflictos engloban cuestiones entre naciones es necesario encontrar liderazgos íntegros y visionarios que puedan encauzar el proceso de negociación y contagien el sueño de un consenso satisfactorio.

A falta de liderazgos propios puede pensarse en un esquema de mediación que permita la participación de alguna figura de relevancia mundial. Un buen ejemplo de intervención mediadora ocurrió allá por 1978 cuando el papa Juan Pablo II, a través de la gran actuación del cardenal Antonio Zamoré, logró que argentinos y chilenos apostaran por la paz y no por la guerra.

Pero volviendo a la España de 1977, podemos señalar que los españoles tuvieron el coraje de forjar esos grandes acuerdos de la mano de notables hombres de Estado como Francisco Suárez, Felipe González, Santiago Carrillo y José Luis Leal, por citar a algunos de los que estuvieron a la altura de tan trascendente momento histórico. Y esto es digno de destacarlo porque no siempre los políticos están a la altura de las circunstancias.

Otro factor clave para lograr lo que parecía imposible entre partidos políticos de ideologías tan dispares fue acordar las reglas de juego –metanegociación– para avanzar en la resolución del problema; y ello fue en base a una fuerte apuesta a la cultura del diálogo, del consenso y del acuerdo que hoy no parece estar a la orden del día entre Madrid y Cataluña.

Otra cuestión interesante para destacar es que los conflictos siempre nos abren dos puertas bien definidas. La puerta que nos sumerge en la agudización de las tensiones y aquella otra de la cooperación que nos abre un ámbito para el entendimiento en pos de un resultado positivo. Esta última posibilidad todavía parece entornada.

En aquel entonces, claramente el pueblo español eligió el fértil terreno de la cooperación enterrando las opciones de competencia destructiva, esas que reabren heridas o formulan agravios. Desde sus diferencias, desde fuertes identidades partidarias, los españoles con gran hidalguía definieron un nivel superador basado en valores.

Los líderes que encabezaron los Pactos de la Moncloa encontraron y reconocieron el valor de la hispanidad como un compromiso activo e irrenunciable para su país y su gente, para el presente y el futuro de toda España. He aquí la grandeza para superar las diferencias.

Tenemos la esperanza de que con inteligencia Madrid y Cataluña podrán superar su conflicto. Solo deben encauzarlo con la grandeza de otros tiempos. Quizás el deporte pueda ser prenda de comunión entre Madrid y Cataluña. ¿O alguien se imagina el campeonato de la liga española sin el clásico entre el Madrid y el Barça?

El mundo no se imagina a España sin Cataluña y a Cataluña sin España. Se deben un diálogo profundo y sincero para superar las diferencias.

En síntesis: cuando la crisis quiere perpetuarse hay tres cosas que son fundamentales para torcer el rumbo de la incomprensión y el conflicto: diálogo, diálogo y más diálogo. ¡Que viva España! ¡Que viva Cataluña! ¡En paz!

Comentario académico

El conflicto político entre Cataluña y Madrid (o Cataluña y España, como se prefiera) viene de lejos. Una mayoría de catalanes se percibe como una nación, aunque luego no toda esa mayoría votaría en favor de la independencia en un hipotético referéndum. Desde Madrid se considera que Cataluña es una autonomía o nacionalidad histórica pero que jamás puede ostentar derechos de autodeterminación. Ahí ha residido siempre la base del conflicto, que se remonta, en épocas contemporáneas, a las primeras décadas del siglo pasado.

En el momento de escribir estas líneas, los partidos soberanistas o independentistas acaban de obtener la mayoría en el Parlamento de Cataluña, en escaños, aunque no alcanzan el 50 por ciento de los votos. En España, las elecciones generales las ha ganado, sin mayoría absoluta, el Partido Popular, la formación política que se ha mostrado más reticente a ceder ni un ápice más de poder a los catalanes. Parece que el conflicto va a continuar por muchos años, a no ser que pase algo extraño...

Mucha gente piensa que la clave está en la negociación. Pero, técnicamente, se trata de una negociación de suma cero ya que las partes tienen intereses absolutamente contrapuestos. ¿Hay margen entonces para un acuerdo? Seguramente, pero implicaría que ambas partes cedieran de manera sustancial, cosa que no parece fácil. Por la parte catalana debería abandonarse la idea de la independencia. Por parte de Madrid debería aceptarse el hecho nacional catalán en la Constitución española y, además, orquestarse un pacto económico o concierto para Cataluña similar al que tienen los territorios forales en España: País Vasco y Navarra. Nadie quiere moverse ni un centímetro de sus posiciones, por lo que el acuerdo, hoy en día, parece improbable.

Otra opción es pactar un referéndum. Pero el gobierno español se ha mostrado cerrado a tal posibilidad, aunque las últimas encuestas al respecto indicaban una victoria, por poco, de los partidarios del no.

Los autores de este libro de historias de negociación pensamos que, para Cataluña y España, ha llegado el momento de negociar y pactar con grandeza. Eso significa, entre otras cosas, escuchar a la otra parte, sentarse en una mesa el tiempo que haga falta y ser altamente creativos para encontrar soluciones que satisfagan a los dos bandos. Como hemos dicho en otras ocasiones, la auténtica grandeza de la negociación reside en convertir situaciones estrictamente competitivas o de suma cero en oportunidades para colaborar y obtener resultados *win-win*. ¿Serán capaces los políticos catalanes y españoles de mostrar tal grandeza, generosidad y compasión?

No es fácil, lo sabemos; pero, como decía Gandhi, la paz es el camino.

Ojalá que cuando el lector lea este libro el conflicto en España esté en vías de resolución. Encendamos una vela y oremos.

CAPÍTULO 11

MANEJE EL TABLERO DE LA NEGOCIACIÓN COMO UN GRAN AJEDRECISTA

Historia

Los grandes jugadores de la negociación suelen tener una capacidad de análisis ampliada de todas las circunstancias que pueden existir en el hipotético campo de batalla, conocen el manejo de todas las fichas del tablero, sean las propias o las ajenas, y poseen un agudo sentido para conectar cualquier detalle que pueda ejercer influencia en la negociación y con ello apuntarse las jugadas más exitosas. O sea, que tener una estrategia bien pensada y profunda de todos los detalles que pueden afectar el resultado de una negociación siempre rinde sus frutos, aun cuando compitamos con rivales poderosos.

La construcción del propio poder negociador requiere un minucioso trabajo previo a la negociación propiamente dicha, que resulta ser un arma fundamental a la hora de inclinar la balanza en cualquier tipo de negociación. Preparar exhaustivamente una negociación es el mejor modo de invertir el tiempo si realmente queremos obtener resultados por encima de la media. Una misma negociación, según la inteligencia que pongamos, puede terminar de muchas maneras distintas.

Tener una visión panóptica de todo el tablero de la negociación, conocer a fondo la forma en que podemos mover todas nuestras fichas y a la vez estudiar la manera en que nuestros oponentes pueden usarlas, nos convertirá en grandes negociadores sin que nada tengamos que envidiar a la forma en que los grandes jugadores del ajedrez mundial arman sus estrategias.

Si hablamos de historias de grandes negociadores no podemos dejar de lado la genialidad negociadora de Bill Gates cuando, allá por 1980, cerró su gran acuerdo con el gigante de la computación IBM, que sin duda significó la base para el gran imperio económico que construyó décadas después.

Corría el año 1975 y mientras Bill Gates todavía era estudiante de la Universidad de Harvard, con 25 años de edad, fundaba Microsoft, la empresa con la que alcanzaría una fama mundial inusitada, sobre todo teniendo en cuenta el humilde origen de su nacimiento. Después de cinco años de haberse iniciado y a través de una estupenda negociación, lograría impulsar definitivamente su carrera en los negocios de la tecnología.

Aquella negociación, que *a priori* se presentaba muy desigual, entre una pequeña empresa recién creada con un representante veinteañero y una gran corporación como lo era IBM, que se suponía integrada por un equipo de asesores de primer nivel, tuvo un desenlace extraordinario en favor de Bill Gates y Microsoft.

Hay un dicho popular que viene a cuento en materia de negociaciones: "Al mejor cazador se le escapa la liebre". Esto significa, y de hecho ocurre muchas veces, que un oponente al que consideramos importante –sea por su capacidad económica y/o intelectual y/o de cualquier otra índole– puede no prepararse de la mejor manera, y alguien con menor peso negociador pero con una buena planificación y estrategia logre inclinar la balanza a su favor.

En esta historia se advierte cómo un buen interlocutor como lo fue Bill Gates, con una muy buena visión de la negociación, sumado a una excelente indagación de los intereses de la otra parte puede, aun en contextos difíciles para negociar, encontrar caminos para lograr excelentes soluciones.

La negociación entre Bill Gates e IBM, con los resultados a la vista, tuvo en el hombre de Microsoft a un verdadero estratega con una mirada satelital sobre todo el campo de juego, un manejo de cierta información sensible sobre su rival, un acabado conocimiento de los verdaderos intereses de su contraparte y a su vez la idea de cómo podía resolver sus propias debilidades para convertirlas en fortalezas.

La gran corporación de la computación estaba necesitada de un sistema operativo; sus ventas y utilidades habían decrecido en los últimos tiempos y empezaba a tener problemas con sus competidores. Todas esas cuestiones integraban el contenido de la agenda de la información con la que contaba Bill Gates sobre su oponente. Como siempre, la información es una fuente de poder importante en cualquier tipo de negociación, y Bill Gates bien la supo aprovechar.

La genialidad de Bill Gates estuvo asociada a la forma en que presentó su producto y la puesta en escena que hizo del mismo, "vendiéndolo" como un extraordinario y novedoso sistema operativo, único en el mundo, que para IBM significaría la posibilidad de romper con el mercado de las computadoras; y más aún, la gran tentación de retomar un liderazgo comercial sobre sus competidores que en esos tiempos se veía tambaleante.

Bill Gates sacó rédito de las urgencias de IBM y de lo seductor que le resultaba contar con un sistema operativo que creían los catapultaría a un nivel de ventas extraordinario. Después de su genial presentación, lo importante del trabajo ya estaba realizado, lo que le permitió con posterioridad imponer cómodamente sus condiciones. A la luz de los hechos logrados, no puede creerse cómo un novel empresario pudo llevarse las de ganar contra un gigante corporativo.

En realidad lo que hizo Bill Gates fue convencer a IBM de comprar simplemente una idea, que se traducía en un sistema operativo con numerosas bondades tecnológicas sin mencionar que todavía no estaba hecho, para una vez logrado el objetivo del acuerdo pasar a la etapa de creación y luego a su posterior entrega. Una negociación secuencial digna de un genio.

Eso es lo que se supo después; es decir, que al tiempo de la negociación Bill Gates no tenía desarrollado ningún sistema operativo, solo la idea de un software intangible que había que crear, cosa que logró cuando por cincuenta mil dólares contrató a Tim Patterson, joven programador de Seattle, y le adquirió los derechos de autor que posteriormente cedió a IBM con el nombre de MS-DOS.

También es cierto que la empresa IBM tuvo una visión que a la postre resultó equivocada y redundó a favor de

Microsoft. Bill Gates creyó en la importancia del software como factor central en el negocio de las computadoras. En cambio, IBM tenía la idea de que el hardware era lo realmente importante, a tal punto que a pesar de la contratación aceptó la condición de que la venta del sistema operativo no fuera en exclusiva, pensando que el secreto del negocio era el interés de los clientes por el hardware que Gates no tenía.

Esta negociación nos enseña que tener una mirada ampliada de todo el tablero donde jugamos el partido de nuestra negociación, conocer bien cómo manejar nuestras fichas y saber cómo las puede mover nuestro adversario nos posiciona favorablemente para armar una buena estrategia de jaque mate que nos permitirá ganar la partida.

Y finalmente es importante decir, bajo cierto rigor profesional, que la jugada de Bill Gates fue de alto riesgo, ya que primero acordó con IBM y después logró armar el sistema operativo. La leyenda no cuenta si realmente fue una verdadera jugada de alto riesgo o si Bill Gates sabía que podía crear un sistema operativo como el que finalmente creó el programador que contrató. Seguramente conocer esta circunstancia le quitaría genialidad a la gran jugada de Bill Gates que igualmente demostró con el tiempo ser un jugador estrella.

En conclusión, podemos decir que los grandes jugadores de ajedrez preparan sus jugadas bajo un riguroso estudio. Los grandes negociadores también.

Comentario académico

Esta historia nos ilustra sobre la importancia de tener una visión global. A menudo los negociadores inexpertos se centran de forma miope en sus intereses más inmediatos y son incapaces de ver más allá. Negocian, por tanto, bajo el esquema de un simple regateo. A la oferta inicial de una de las partes sigue una contraoferta, y poca cosa más.

Pero para tener éxito en negociaciones complejas es imprescindible comprender nuestros propios intereses y, casi en mayor medida, los de la otra parte. Eso nos permite manejar la negociación como un tablero de ajedrez y utilizar una estrategia inteligente. Aunque sabemos que la realidad a veces difiere de la preparación (la vida negociadora está llena de sorpresas), es cierto que sin esa capacidad de ver el terreno de juego o el tablero en su totalidad la posibilidad de alcanzar buenos acuerdos se hace mucho más difícil.

La habilidad de Bill Gates y su equipo, aunque en posición de debilidad frente a IBM, consistió en saber hacer eso: en averiguar los intereses de la otra parte y saber formular una propuesta de negociación que se ajustara al máximo a las posibilidades, los deseos y la percepción del futuro de ambos contendientes.

Empatizar, por tanto, es clave. Consiste en intentar comprender una situación desde la perspectiva de la otra persona. Algo aparentemente tan elemental supone, en la vida real, un auténtico problema para la mayoría de los negociadores mediocres, que suelen centrarse inconscientemente en sus propios intereses menospreciando los del interlocutor.

Es fundamental empatizar a través de la información. Recabar datos sobre cómo la otra parte percibe la negociación, sus intereses ocultos, etc., proporciona elementos estratégicos que facilitan la consecución de acuerdos. Sin toda esa información, Bill Gates no habría sido capaz de hacer las propuestas que realmente incidieran en las necesidades específicas de IBM y que lograran acercar las posiciones de ambos bandos.

Hacer preguntas o afirmaciones tentativas durante la negociación es básico para lograr empatizar con la otra parte y tejer acuerdos integrativos:

– Me ha parecido entender por su parte que...

– ¿Cómo sugiere que solucionemos este problema?

– Veo que coincidimos en este aspecto. ¿Es así?

No es necesario dominar el ajedrez como los grandes maestros. Pero saber mirar las negociaciones "desde arriba" ayuda a no encerrarnos en nuestra burbuja y a abrirnos a una realidad mucho más interesante para comprender la danza de la negociación.

La pregunta clave es: "¿Cuál debe ser la visión o la percepción de la negociación que tiene en este momento la otra parte?".

CAPÍTULO 12

PROYECTE SU NEGOCIACIÓN HACIA EL FUTURO

Historia

Es común que el esfuerzo de llevar adelante una negociación, con todo lo que ello implica en materia de preparación previa, de actuación en la propia mesa de negociación y del tiempo que insume la instrumentación del eventual acuerdo, nos distraigan de hacer el ejercicio de proyectar sus consecuencias de cara al futuro.

Este sano consejo significa responder a preguntas del siguiente tenor: ¿qué ocurrirá si firmamos el acuerdo en las condiciones preestablecidas? ¿Cuáles serán las consecuencias de los puntos principales si los desplegamos en el mediano y el largo plazo? ¿Qué pasa si nos posicionamos a cinco o diez años vista de lo que hoy pretendemos consensuar?

Tomando los sabios consejos del célebre profesor de negociación William Ury, deberíamos tener un tiempo final para subirnos a un imaginario balcón y meditar desde allí en forma inteligente sobre las proyecciones que pueden edificarse en torno al acuerdo que estemos próximos a suscribir.

Algún lector con muy buen criterio observará que no siempre es fácil pronosticar ante la incertidumbre del mañana, más aún en tiempos en los que el cambio es algo permanente, pero bien vale un último esfuerzo para evitar futuros problemas que cimienten nuevos conflictos entre las partes o sobre los puntos acordados.

Esta historia, la última, la reservamos porque encaja perfectamente en esta enseñanza prospectiva que pretendemos inculcar a nuestros amigos negociadores. Es muy difícil superar la falta del ejercicio futurista que tuvieron quienes participaron, cuyas consecuencias desgraciadas resultaron ser un daño inconmensurable para toda la humanidad.

Dicen que con el diario del lunes es mucho más fácil acertar pero la forma en que se construyó la paz de Versalles en 1919 ya presagiaba que una nueva conflagración mundial estaba a la vuelta de la esquina. Ni a los diplomáticos, ni a los jefes de Estado que participaron en la famosa negociación que pretendía poner punto final a la Gran Guerra, como se denominó a la Primera Guerra Mundial, se les ocurrió imaginar que estaban sentando las bases de una tragedia de consecuencias inimaginables. El Tratado de Versalles resultó sin dudas, como veremos, una muy mala negociación.

Los anales de la historia relatan que el 28 de junio de 1919 en el Salón de los Espejos del Palacio de Versalles se firmaron los acuerdos de paz que pusieron fin a la Primera Guerra Mundial, y mediante ellos las potencias aliadas vencedoras impusieron sus dictados al bando alemán, sin permitir que estos últimos pudieran cambiar una sola coma de todo el pacto. Nadie imaginó cuáles podían llegar a ser las consecuencias futuras de un tratado que a todas luces era agraviante y humillante para el pueblo alemán.

Fue una paz meramente artificial de plazo vencido que solo resultó ser el germen de la Segunda Guerra Mundial, durante la cual murieron más de setenta millones de personas entre civiles y militares, ello según las cuentas más optimistas, más allá de los cuantiosos daños materiales que sufriera principalmente toda Europa.

Es difícil saberlo, pero es razonable pensar que si las bases del Tratado de Versalles hubieran sido distintas es posible que el mundo no hubiera tenido que padecer todo el horror que trajo aparejada la Segunda Guerra Mundial, cuyo barbarismo tuvo, entre otras cosas, la creación de campos de exterminio de seres humanos y las destructivas bombas atómicas que se lanzaron sobre las indefensas ciudades japonesas de Hiroshima y Nagasaki. Veamos algunos detalles que nos harán reflexionar en nuestras futuras negociaciones.

La negociación para terminar la Gran Guerra contó con la participación de los países aliados, que integraban el bando triunfante, por un lado, y por el otro, los imperios centrales que conformaban los países perdidosos, fundamentalmente el Imperio Alemán. Esta negociación tuvo una singularidad desdeñable desde las buenas prácticas negociables, y es que ninguna de las potencias derrotadas fueron invitadas a participar de ella. Y resulta atinado aclarar que por ese entonces el poder del Estado alemán ya había cambiado de la mano de los militares belicistas a una coalición parlamentaria pacifista, que igualmente no fue parte del convite acuerdista.

Una de las mayores críticas que puede hacerse a esa negociación es que no existió la "otra parte" en la mesa de discusiones, lo que por lógica provocó la imposición unilateral de condiciones tan abusivas como humillantes de parte de las potencias aliadas, como fueron la cláusula de culpabilidad para Alemania, el desarme total de todo su ejército y la obligación de pago de cuantiosas sumas de dinero de cumplimiento imposible para un país en bancarrota como eran los teutones allá por 1919.

Solo rememorar algunas de las condiciones draconianas que se le impusieron aventuraban el fracaso del objetivo central de paz que se perseguía; entre ellas se destacan:

a) pérdida de 68.000 km² de su territorio, específicamente las regiones de Alsacia y Lorena, y con ello unos 8 millones de habitantes;
b) anexión de otra parte de Prusia Oriental a favor de Polonia, llamado el famoso corredor de Dantzig;
c) obligación de reparación de 20.000 millones de marcos a favor de Francia;
d) sus colonias fueron confiscadas;
e) su potencia militar fue aniquilada.

Cuando un acuerdo es de imposible cumplimiento por sus condiciones gravosas o humillantes o cuando es fruto de la imposición de una sola de las partes es altamente probable que resulte ser la génesis de nuevos conflictos o de mantener latente la revancha en la cabeza del perdidoso para cobrarla en la primera de cambio; que fue lo que ocurrió cuando la Alemania de Hitler encarnó el revanchismo que se había hecho carne en todo el pueblo alemán e inició la Segunda Guerra Mundial.

Otra cuestión que puede resultar importante es el lugar que se elige para abrir, desarrollar o terminar una negociación. En este caso la firma del Tratado de Versalles, en el mismísimo Salón de los Espejos, donde el propio Bismarck había proclamado el Segundo Imperio Alemán en 1871, no resultó un lugar de lo más apropiado ya que significaba un acto de humillación para el país al que le había cambiado la situación pasando de la gloria al deshonor de la derrota.

Como dato anecdótico, fue el propio Hitler quien para cobrar la ofensa de dos décadas atrás hizo firmar la rendición de los franceses en el famoso vagón de Compiègne donde los franceses habían hecho firmar la capitulación de los alemanes en la Primera Guerra Mundial.

Un punto de interés para destacar en cualquier negociación es el rol de los interlocutores y el poder de decisión que ellos tienen a la hora de negociar. En el caso del Tratado de Versalles, donde participaron tanto diplomáticos como jefes de Estado, no se estableció una agenda de temas que diferenciaran el nivel decisorio según la importancia de los puntos en juego. La proclama idealista del presidente Woodrow Wilson de los Estados Unidos, expuestas en sus famosos 14 puntos, navegó en aguas borrascosas cuando a los diplomáticos les resultó difícil bajarla a tierra negociadora.

Cuando en las negociaciones no está claro si quienes participan de ella tienen suficientes facultades para decidir, es importante conocer esta situación al principio para evitar sorpresas o tácticas sucias de último momento.

Otra cuestión a destacar en este tipo de convenios es lo que se denomina la etapa de prenegociación, que es donde deben sentarse las bases de la negociación propiamente dicha. La falta de esa etapa previa hubiera sido lo aconsejable porque cuando los representantes políticos de los países se adelantan haciendo públicas sus posiciones, de cara a los pueblos, puede provocar problemas a la hora de retroceder o transigir en aquello que se hizo público. Conviene siempre ser más bien prudentes, sobre todo a nivel internacional.

En conclusión, es muy importante que cuando estemos por finalizar nuestras negociaciones tengamos prendida una alarma para que podamos hacer un simple ejercicio de proyección del hipotético acuerdo que estamos por firmar y analizar cuáles serán las consecuencias con una mirada hacia el futuro. Cuando los acuerdos son mal trazados, más que pensar en que la situación está terminada, resulta que ellos son la raíz de nuevos conflictos que en algunos casos traen peores consecuencias.

Comentario académico

Las negociaciones se ganan o se pierden. También es posible, como ya sabemos, que todo el mundo consiga, más o menos, lo que quiere. Pero cuando las ganancias son desproporcionadas, cuando más que una negociación se trata de una imposición, los resultados pueden ser catastróficos.

Como hemos visto, la humillación infligida al bando perdedor de la Primera Guerra Mundial a través del Tratado de Versalles desembocó, con el tiempo, en la ascensión al poder de Adolf Hitler y, al cabo de un tiempo, en la Segunda Guerra Mundial.

A nadie le gusta que lo humillen y si alguien nos lo hace acostumbramos a buscar revanchas a medio o largo plazo. La frustración alemana generó el caldo de cultivo para que el fascismo y Hitler cometieran las mayores atrocidades del siglo xx. ¿Se hubiera podido evitar?

Cuando estamos a punto de cerrar una negociación es importante comprender qué consecuencias acarreará el acuerdo para los que están sentados en la mesa y para los que no. Preguntas como:

- ¿Alguien se verá afectado por este resultado?
- ¿Cómo afectarán nuestras decisiones a las personas que no están aquí?
- ¿Qué consecuencias futuras tendrán nuestras decisiones o nuestros acuerdos?

Chris Voss, uno de los mayores expertos y de los mejores profesores en tácticas de negociación en situaciones complicadas del mundo (trabajó como experto en secuestros en el FBI), considera que jamás debemos tratar de imponer nuestro criterio en una negociación, ni siquiera en situaciones límite. Su impactante libro *Rompe la barrera del no* es uno de los tratados sobre negociación más contundentes que uno pueda leer.

Ante una exigencia fuerte como: "O me paga 500.000 euros o me cargo a su hija", o "Si no obtengo el 50% de descuento no hay trato", Chris Voss sugiere que cedamos siempre la "sensación de poder" a la otra parte. Contraatacar con más exigencias o con insultos suele conducir al desastre. En lugar de eso, deberíamos responder: "¿Cómo voy a saber que mi hija sigue viva? ¿Cómo supone usted que voy a ser capaz de reunir esa cantidad?", o "¿Cómo puedo hacerle un descuento tan grande y aún así ganar algo de dinero?".

Voss cree que la negociación es "el arte de lograr que los demás se salgan con la tuya".

DECÁLOGO DEL BUEN NEGOCIADOR

Cada una de las historias de negociadores relatadas rescatan algunos de los factores que mayor influencia ejercen en el éxito de los procesos de negociación. A continuación de esas historias hemos sumado comentarios académicos que nos han parecido valiosos para destacar la idea-fuerza que se desprende de cada relato. La sumatoria de la propia historia y de la síntesis nos permite elaborar una suerte de decálogo orientativo para que el lector pueda lograr el anclaje o la internalización de los conceptos que se han reseñado a lo largo de la obra.

Pero más que hacer un típico listado de buenos consejos nos pareció interesante hacer hincapié en las enseñanzas que surgen de cada historia para resumir nuestro propio decálogo del buen negociador:

1. *Piense en una mirada distinta.* En el Capítulo 1 destacamos la importancia de visualizar las negociaciones desde distintas ópticas. En la caja de herramientas de un negociador profesional no puede faltar: "piense en una mirada distinta". Cuando en una negociación se encuentre encerrado en algún callejón que *a priori* le parece sin salida, haga un esfuerzo por mirar las cosas de otra manera. Apele a la creatividad o pida opinión sobre el tema a otras personas, incluso a aquellas de las que no espera que puedan ayudarlo. Más de una vez se llevará una gran sorpresa.

2. *Eduque a su oponente.* En el Capítulo 2 destacamos como idea-fuerza la importancia que tiene en una negociación hacerle saber delicadamente a su oponente que no acordar lo puede llevar a una situación muy desventajosa para sus propios intereses. Para utilizar esta herramienta es fundamental haber hecho previamente un análisis muy exhaustivo de las debilidades que tienen las opciones (dentro de la mesa de negociación) o alternativas (fuera de la mesa de negociación) que pueda elegir su adversario. Su fortaleza estará en hacerle entender que acordar es mucho mejor que no hacerlo.

3. *El mito del estilo duro.* En el Capítulo 3 nos pareció importante desterrar ese mito arraigado en cierta clase de negociadores que utiliza el abuso del poder como estrategia central de su negociación. La mala utilización de la posición de poder puede conducir a resultados desastrosos, como hemos visto. Sea muy cuidadoso y estudie a fondo la forma en que pretenda utilizar el poder que pudiera tener. Tenga siempre en cuenta que puede haber una nueva negociación con la misma persona y en situación opuesta, y el efecto del estilo duro puede resultar un búmeran mucho más perjudicial.

4. *El factor humano en la negociación.* En el Capítulo 4 destacamos algo obvio, pero que muchas veces se pierde de vista en el fragor de la batalla y es que en las negociaciones siempre participan seres humanos, con todo lo que ello implica en emociones, deseos, intereses, sentimientos, historias, experiencias de vida, etc. Aprenda a escuchar a las personas, a entenderlas, a empatizar con ellas y tendrá la llave maestra para ser exitoso en cualquier tipo de negociación.

5. *El arte de ejercer presión.* En el Capítulo 5 nos pareció pintoresca la forma en que nuestro personaje, Donald Trump, encaraba su negociación inmobiliaria y salvaba la situación en su favor. Cuando prepare sus negociaciones, tómese un tiempo especial para pensar la mejor forma de presentar su estrategia. A veces una imagen vale más que mil palabras. Otras veces un gesto inicial abre las puertas para generar ese clima agradable que finalmente nos conduce a cerrar un buen acuerdo.

6. *El poder puede cambiar de manos.* En el Capítulo 6 la historia nos enseña la dinámica que puede tener el poder en una negociación. Es muy posible que nuestro eventual adversario tenga una situación de poder que parezca irreductible. Algunas veces el tiempo resulta ser un aliado vital para que el poder cambie de manos o que a través de una buena estrategia podamos lograr que quien tenía la fuerza para doblegarnos en una negociación después de una jugada nuestra pueda quedar en inferioridad de condiciones. La mente humana es capaz de todo y obviamente de pensar esa idea genial que puede doblegar a quien puede aparecer como todopoderoso.

7. *Juegue con el factor tiempo.* En el Capítulo 7 abordamos uno de los factores que muchas veces inclina la balanza del poder en una negociación. El poder del tiempo siempre debe ser meticulosamente examinado por los negociadores para analizar el impacto que puede tener en cada una de las partes. Sepa usarlo a su favor, pero también sepa elegir herramientas para contrarrestarlo en caso de que juegue en su contra. Aprenda a comprar tiempo a bajo costo si no lo tiene. Con inteligencia todo se supera.

8. *Apueste siempre a la creatividad.* En el Capítulo 8 incluimos una de las herramientas más importantes para afrontar con éxito cualquier proceso de negociación. Tenga siempre a mano el sombrero del negociador creativo y tome muchas de las técnicas que existen para mejorar su creatividad: recuerde que también se puede aprender a ser creativo. Una idea disruptiva puede resolver la negociación más intrincada. Antes de afrontar una negociación pregúntese qué idea o ideas creativas lleva en su caja de herramientas.

9. *Negociar siempre es mejor que imponer.* En el Capítulo 9 quisimos traslucir que en algunas situaciones los escenarios colaborativos suelen agregar mucho más valor en las negociaciones, a tal punto que los resultados pueden alcanzar situaciones inimaginables. La mutua confianza y un clima agradable resultan ser unos de los mejores ingredientes para "cocinar" de manera óptima una negociación. El sociólogo Robert Putnam concluyó que unos municipios del norte de Italia tenían mejores rendimientos en la actividad económica y social, aunque la trama jurídica y organizacional era la misma, ello porque había en sus comunidades muchos coros y clubes, y esa relación de cercanía que se daba entre las personas, cuando se trasladaba al campo de la actividad comercial y social, generaba mejores resultados.

10. *Acuerde siempre con grandeza.* En el Capítulo 10 nos pareció importante hacer conocer que las cosas que suelen ayudar a destrabar las negociaciones pueden ser de lo más variadas, diríamos infinitas. A veces un detalle puede resultar decisivo para encontrar el camino del acuerdo. Este ejemplo, que de alguna manera sale de las lógicas, es una muestra que

podría servir para encontrar una solución a ese tipo de problemas que parecieran no tenerla. Un buen apretón de manos y dejar de lado reyertas del pasado pueden ser la mejor receta para encontrar una solución final. Tenga en su valija la grandeza para casos especiales. La tranquilidad y la paz a veces son más importantes que tener razón.

11. *Maneje el tablero de la negociación como un gran ajedrecista*: La historia del Capítulo 11 de alguna manera se consustancia con la descripción del sombrero azul con el que Edward De Bono describe en su libro *Seis sombreros para pensar* al director de orquesta que controla todo un proceso de trabajo. Así como los grandes ajedrecistas pasan mucho tiempo analizando las infinitas variables que pueden darse en su tablero de juego, los buenos negociadores también visualizan en forma panóptica su terreno de juego y piensan en detalle la movida de sus diferentes fichas, que necesariamente deben incluir todos los factores que puedan incidir en la búsqueda de un resultado exitoso. El relato de lo acontecido con Bill Gates y su mirada de 360 grados sobre todo lo que ocurría alrededor de su negociación es un interesante caso de jaque mate en materia de negociaciones.

12. *Proyecte su negociación hacia el futuro.* En este Capítulo 12 nos pareció innovador agregar una herramienta adicional que muchas veces en el fragor de la batalla negociadora se deja de lado. Cuando estamos en las postrimerías de una negociación es importante tomarse un tiempo final para reflexionar sobre la proyección de lo que tenemos en vista acordar, con el objetivo de calcular la evolución que pueden tener los puntos principales del potencial acuerdo. El

Tratado de Versalles es un ejemplo brutal de la falta de un buen ejercicio de proyección de futuro de la negociación que tengamos en miras acordar. Haga como los buenos jugadores de fútbol que en algún momento del partido pisan la pelota, paran el juego, imaginan el movimiento de los demás jugadores y piensan la mejor jugada.

Y como hemos dicho desde el principio hasta el fin del trabajo, las tres cosas más importantes para tener éxito en una negociación son: prepararse, prepararse y prepararse.

CONSEJOS PARA SER MÁS CREATIVOS
DURANTE LAS NEGOCIACIONES

Un negociador inflexible no llega muy lejos. Las negociaciones casi nunca son lineales y claras; acostumbran a ser tortuosas y confusas. Por lo tanto, la flexibilidad y la creatividad deben ser características esenciales de cualquier persona que negocie.

Ser creativo no depende de los genes ni de dones divinos. Las personas creativas aprenden (o reaprenden) determinadas habilidades: son imaginativas, creen en sus sueños, utilizan técnicas de manera más o menos premeditada y, en general, además de sus destrezas racionales, emplean lo que los neurocientíficos llaman la "red por defecto", una serie de zonas cerebrales que anulan la excesiva racionalidad y permiten acceder a pensamientos más originales y provocativos. Se trata de la famosa "desinhibición cognitiva".

La desinhibición cognitiva puede tener, es cierto, base genética. Pero también se puede desarrollar. ¿Cómo? Presentamos a continuación algunas técnicas o procedimientos, al alcance de todo el mundo, aplicados a la negociación. A través de su práctica vamos ampliando el poder de la "red por defecto":

– Preguntas *What if...* Ser creativo es saber ver las cosas desde distintos puntos de vista (el *sapere vedere* de Leonardo da Vinci) y también preguntarse cómo algo podría ser totalmente diferente de como es. En negociación hay que estar preparado para preguntas del tipo:

- ¿Qué pasaría si sale todo al revés de como lo he planeado?
- Y si lo que la otra parte afirma es totalmente falso, ¿cuáles son mis alternativas?
- ¿Qué tal si en vez de negociar en el despacho lo hacemos jugando un partido de tenis?

– Visualizaciones creativas: todo buen negociador sabe que, en especial cuando se trata de situaciones difíciles, es importante visualizarlas en forma positiva, a través de estos sencillos pasos:

- Relajarse durante unos minutos.
- Repasar visualmente los objetivos de la negociación, como si estuvieran escritos en una pizarra o en nuestro ordenador, pero en forma de esquema o de dibujo.
- Crear visualmente una película de cómo deseamos que se desarrolle la negociación, centrándonos en cada detalle (emociones, tonos de voz, rostros de los participantes, si los conocemos de antemano, etc.).

– Paseos al aire libre: distintos estudios afirman que pasear por un entorno de gran belleza (si es posible) es de gran ayuda en los procesos creativos. Recomendamos que en vez de quedarse en el despacho salga a andar y, mentalmente, repase los puntos esenciales de la negociación. Dialogue consigo mismo, deje que su mente divague y hágase preguntas del tipo:

- ¿Qué puede ir mal?
- ¿Qué imprevistos pueden hacer cambiar el rumbo inicial de la negociación y cómo subsanarlos?
- ¿Tengo toda la información que necesito?

– Dibujos y mapas: prepare la negociación en forma gráfica: haga mapas mentales, dibuje escenarios, diagrame con métodos como el Manual Thinking (MT).

Procure que las imágenes vívidas sean más importantes que los pensamientos lineales y grises. Siempre que pueda, prepare la negociación en equipo, escuchando atentamente las propuestas de sus colegas. Acostúmbrese a tener material gráfico a su alcance y diviértase. Tome como ejemplo la siguiente imagen. En ella encontrará un ejemplo de mapa mental aplicado a la negociación efectuado con la técnica MT. Partiendo de un centro, los mapas mentales van capitalizando la información de forma irradiante.

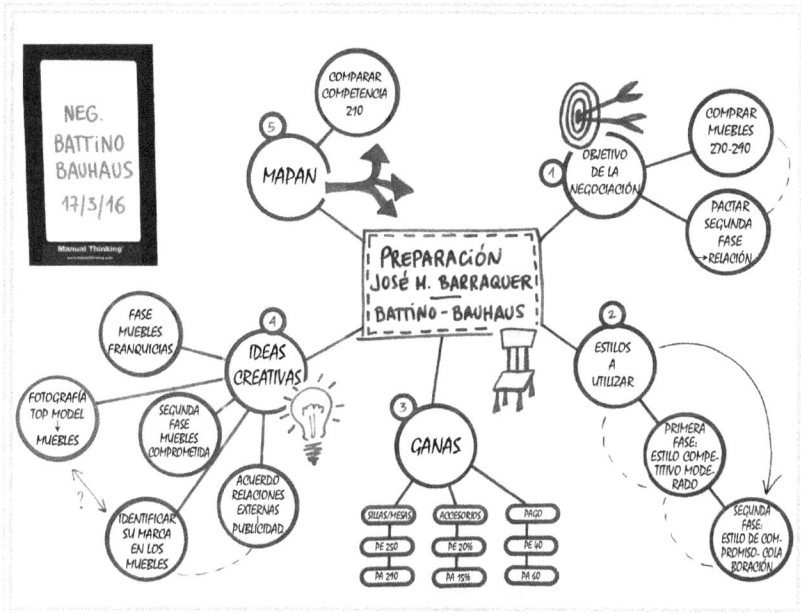

Algunas sugerencias más para preparar su negociación de la manera más divertida y creativa posible son:

- No sea demasiado serio. Procure que la conversación transcurra de forma alegre, sin dramatismos innecesarios, por muy importante que sea la negociación. Una dosis moderada de buen humor ayudará a relajar el ambiente y a relativizar las tensiones. Ríase de usted mismo (no de la otra parte), explique alguna anécdota divertida, sonría con franqueza ante las dificultades.

- Practique la empatía radical, póngase totalmente del lado del oponente. Así desarrollará la compasión hacia su interlocutor, que siempre es mejor que el odio, los celos o la agresividad. Además, podrá comprender en profundidad sus intereses, sentimientos y puntos de vista.

- Lea algún buen libro de negociación (este, si lo tiene a mano) antes de afrontar un proceso complejo. Le abrirá la mente y le dará buenas ideas. Cuando lo haya leído, deje pasar unas horas, ponga la mente en blanco, haga una buena caminata a solas y permita que su cerebro reorganice toda la información y que elabore planes intuitivos. Las personas altamente creativas confían más en su intuición que en su intelecto. Einstein así lo hacía, Steve Wozniak también.

- Evite pensar que la otra parte quiere engañarlo o manipular la negociación. Aunque sea cierto, si encima lo piensa la cosa acabará mal. Rechace las amenazas con una sonrisa franca en el rostro. Ayude a la otra parte a reconsiderar su actitud y a negociar de manera limpia. Si realmente se da cuenta de que pretenden engañarlo, conserve la calma y denúncielo en la forma más objetiva posible. Recuerde una de las máximas de Harvard: sea duro con el problema pero blando con las personas.

- Si negocia con un extranjero es importantísimo que aprenda sus normas esenciales de protocolo. No hay nada más empático que acercarse por sorpresa a la cultura y maneras de hacer del otro. Si negocia con un catalán, dígale *bon dia* (buenos días) con una sonrisa. Si es con una ejecutiva india, no dude en saludarla juntando las manos y pronunciando el *Namaste*. Son pequeños detalles, pero que pueden obrar milagros. Sobre todo, proceda con naturalidad y con sinceridad. Si tiene pensado hacer un regalo, acuérdese de repasar las normas al respecto en función de la cultura de la persona que lo reciba. En China, por ejemplo, pueden llegar a rechazárselo dos veces antes de aceptarlo. Si no lo sabe, va a quedar desconcertado a la primera de cambio...

– Cuando la negociación esté "a punto de caramelo", asegúrese de que todo queda claro, especialmente si su interlocutor pertenece a una cultura de bajo contexto (EE.UU., Alemania, Escandinavia, etc.) donde las cosas tienen que quedar refrendadas por escrito y a veces a través de abogados. Si no es así, un simple apretón de manos será suficiente. Pero, en cualquier caso, un correo electrónico con los puntos esenciales acordados siempre será interesante para evitar ambigüedades y malentendidos.

A continuación encontrará el texto preparatorio para una de las partes de un juego de rol que los coautores de este libro utilizamos en nuestras sesiones de formación con ejecutivos y directivos de empresa. Léalo detenidamente y tenga en cuenta las sugerencias anteriores. Imagine que usted es Elisenda Puig. ¿Cómo afrontaría su negociación con Marian Molero? ¿Qué ideas creativas es capaz de generar para gestionar el conflicto de manera adecuada? Haga un listado de ocurrencias y estrategias. Desarrolle su creatividad negociadora...

Rol de Elisenda Puig

Hace pocas semanas ha sido nombrada directora gerente de la Clínica Ataraxia, una institución sanitaria privada sita en la zona alta de Barcelona. Los propietarios del negocio la han seleccionado entre decenas de candidatos para que lleve a cabo una remodelación profunda de la organización. En los dos últimos años los resultados económicos han ido a la baja y los accionistas están preocupados.

Su intención, a grandes rasgos, es llevar a cabo un Plan de Cambio que permita a la Clínica Ataraxia, en el plazo de cinco años, convertirse en una organización mucho más moderna y competitiva. Sus objetivos son:

- Aplanar la estructura organizativa, fomentando el trabajo en equipo y la interdependencia.
- Innovar las políticas de marketing.
- Mejorar la I+D de algunas especialidades quirúrgicas que dan prestigio a la clínica.
- Impulsar un Plan de Formación muy ambicioso.
- Mejorar en forma drástica la calidad de atención al cliente, especialmente en recepción, bar-restaurante y enfermería.

El tema de enfermería los preocupa especialmente. Los anteriores gerentes habían recibido numerosas quejas de clientes, descontentos con la calidad del servicio. Los reclamos, formulados por escrito, arremetían contra el estilo general del personal de enfermería, tildándolo de autoritario y poco servicial. Además, los clientes deseaban ser informados con más detalle sobre aspectos relacionados con su estancia y los servicios asociados (comidas, horarios de visitas, atención nocturna, solicitud de visitas urgentes en la habitación, etc.).

Recientemente se ha encargado al director médico de la clínica un estudio en profundidad de detección del nivel de calidad del servicio de enfermería en la clínica. Este estudio pretende registrar de la manera más objetiva posible las actuales percepciones de los clientes sobre el nivel del servicio de enfermería. Se trata de una especie de auditoría interna de calidad que se desarrollará durante un mes entero y se ejecutará a través de encuestas, entrevistas, grupos de mejora, etc.

Algunas personas del entorno de David Serra, el director médico, le han comentado que la actual directora de Enfermería, Marian Molero, está más que dolida por haber iniciado la auditoría de calidad sin haber contado con su opinión.

Marian Molero es diplomada en Enfermería y lleva unos veinte años en el actual cargo. Por la información que tiene de ella, se trata de una persona bastante autoritaria y con una concepción muy inmovilista de su trabajo. Está a punto de cumplir 60 años.

Esta mañana, a través de su secretaria, ha convocado a Marian a una reunión para hablar del tema. ¿Qué ideas creativas se le ocurren para salir airosa de la situación? ¿Cuál sería su estrategia negociadora?

CONSEJOS PARA PREPARAR UNA NEGOCIACIÓN EXITOSA.
EL MODELO DE LAS 10 PROFESIONES

La reseña de cada una de las historias de negociadores ha tenido la intención de destacar algunos de los factores que pueden resultar importantes a la hora de resolver con éxito una negociación.

El denominador común que distingue a los buenos negociadores de quienes no lo son está asociado a la intensidad con la que preparan la negociación. Un negociador con perfil profesional trata de no dejar nada librado al azar y toma todos los recaudos en la etapa previa a sentarse a la mesa de la negociación.

Es común encontrar en el mundo de las negociaciones distintos esquemas para trabajar un proceso de negociación, la mayoría de los cuales tienen una columna vertebral de ideas, que en más o en menos deben tenerse en cuenta para elaborar un buen planteo negociador.

Como el campo de modelos de negociación es bastante fértil en el universo académico, nos ha parecido atractivo desarrollar una guía para que los lectores la tengan a mano a la hora de llevar adelante un proceso de negociación exitoso.

Por eso, para la preparación de un buen proceso negociador, aconsejamos la adopción del "Modelo de las 10 profesiones", mediante el cual el lector, adoptando distintos roles profesionales durante el proceso de negociación, podrá convertirse en un excelente negociador.

Este modelo propone que durante todo el proceso de negociación asumamos un rol multifacético, teniendo en cuenta el *expertise* de una serie de profesiones que resultan de gran importancia para avanzar con éxito en una negociación.

El Modelo de las 10 profesiones

El Modelo de las 10 profesiones representa un esquema de trabajo que nos sugiere asumir los conocimientos y habilidades de varias profesiones que son fundamentales en todo proceso de negociación. Un buen plan de negociación necesita ser enfocado desde distintas perspectivas profesionales para generar resultados satisfactorios.

Hemos señalado que la preparación de una negociación es el gran secreto del éxito. Un buen trabajo preparatorio debe atender a muchos aspectos que a través del Modelo de las 10 profesiones pueden sortearse con facilidad. Cada una de las profesiones que asumimos como importantes deben hacer su aporte para organizar un buen plan de trabajo.

Podemos hacer una lista con una serie de cuestiones que no pueden quedar fuera de la planificación del proceso de negociación, y cada una de ellas requiere que asumamos un rol profesional distinto, a saber:

1. El negociador ingeniero llevará adelante la visión general del proceso de negociación.
2. El negociador psicólogo analizará todo lo referente a las partes que intervienen en la negociación.
3. El negociador detective tendrá como función primordial recabar toda la información que pueda ser de utilidad para llevar adelante la negociación.
4. El negociador historiador deberá documentar lo que acontece y llevar una agenda escrita de todos los pasos que se vayan dando en la negociación.
5. El negociador relojero es quien evaluará las implicancias del tiempo como factor de poder en la negociación.
6. El negociador periodista indagará al oponente para obtener información de interés y llevar adelante la estrategia comunicacional.
7. El negociador creativo desempeñará uno de los papeles más calificados que deben asumirse para preparar una negociación, porque una idea creativa puede resultar fundamental para cerrar una negociación exitosamente.
8. El negociador matemático analizará todo aquello que tiene que ver con los números y las cifras de la negociación.
9. El negociador estratega estudiará las posibilidades de un plan B, sea de nuestra parte o de la de nuestro oponente, y todas aquellas cuestiones que hagan a sus conocimientos como estratega.

10. El negociador juez intervendrá durante el proceso de negociación juzgando cada uno de los pasos que se van dando y dictará la "sentencia final" mediante la cual hará un resumen analítico de toda la negociación.

Los distintos roles de cada profesión deberán adoptarse en la medida en que sea necesario desarrollarlos durante las distintas etapas del proceso de negociación.

Etapa I. El negociador ingeniero entrará en acción al inicio, planificando las distintas etapas del proceso de negociación junto con el negociador historiador que irá recabando por escrito todos los sucesos del proceso de trabajo.

Etapa II. En una segunda etapa de estudio entran a jugar conjuntamente el negociador estratega, el negociador psicólogo, el negociador creativo, el negociador detective, el negociador matemático y el negociador relojero. Todos ellos contribuyen a generar insumos y materias primas muy valiosas para armar una buena preparación negociadora.

Etapa III. En la tercera etapa es donde el rol del negociador periodista como entrevistador y como estratega comunicacional asume un rol mucho más activo que cualquiera de los demás roles que eventualmente puedan acompañar en esta instancia.

Etapa IV. Finalmente, en la última etapa, el negociador juez (10), más allá de su intervención como juzgador de cada una de las etapas para corregir rumbos, hará un análisis general de todo el proceso de negociación, fundamental para internalizar aprendizajes más allá del resultado final de la negociación.

Veamos cómo se asumen los distintos roles y cuáles son las funciones que les competen a cada uno de ellos en las distintas etapas.

Etapa I

El negociador ingeniero

Es el perfil profesional que lleva adelante la construcción de todo el proceso de negociación. Es el gran armador y maneja con visión panóptica desde las más altas cumbres todo el valle de las negociaciones. Debe pensar en el plan general y tener en cuenta cada detalle, como cuando planifica la construcción de un gran edificio. Un error de cálculo puede conllevar una catástrofe. Es una suerte de director de orquesta. Organiza todos los recursos humanos y materiales. Define el lugar de la negociación, el momento en que resulta más conveniente negociar y el modo en que se produce la vinculación con la otra parte. Dispone del timón del barco y es de alguna manera quien también decide quién conviene que lleve la voz cantante en la negociación, sea una de las partes o un representante. Tiene el poder de cambiar la estrategia y resolver eficazmente las situaciones que se van produciendo.

El negociador historiador

Es fundamental que en todos los procesos de negociación se lleve un registro histórico de todo lo que va ocurriendo porque muchas veces se puede perder el hilo de la negociación. En la agenda que vaya confeccionando el negociador historiador deben estar señaladas las distintas etapas del proceso de negociación, los datos de los personajes que participan en la negociación, los lugares donde se desarrollan, las ofertas y contraofertas que se van dando, frases que pueden resultar para escudriñar información, etc. En líneas generales lleva el registro de todo lo que acontezca durante el proceso de negociación. Es importante su papel porque nos permite poder analizar constantemente lo que va sucediendo en una negociación y su actuación resulta fundamental como fuente para que el negociador juez haga la evaluación final de la gestión negocial.

Etapa II

El negociador estratega

El negociador estratega analiza nuestras fuerzas y las de nuestros rivales. Coteja recursos humanos y materiales. Analiza todos los factores de poder que envuelven la negociación. Y fundamentalmente elabora un plan B para fortalecer nuestra posición negociadora fuera de la mesa de negociación, lo que algunos autores llaman nuestra MAAN (mejor alternativa a un acuerdo negociado). Pero también se requiere la astucia del negociador estratega para estudiar el plan B de nuestra contraparte. Cuando nuestra MAAN es fuerte tenemos poder en la negociación que estamos llevando adelante. Cuando no tenemos una MAAN fuerte, es importante construirla. Si nuestro oponente tiene una alternativa que le da poder debemos tener ideas para debilitarla. Puede utilizar la matriz FODA para mejorar el esquema de trabajo.

El negociador psicólogo

Asumir el rol del negociador psicólogo significa aguzar la mirada en todo lo referente al factor humano de la negociación. Es quien analiza los perfiles de los participantes de la negociación, de aquellas otras personas que eventualmente puedan incidir en la negociación y se ocupa de estudiar sentimientos, emociones, actitudes y todo aquello que involucre al ser humano. Es importante evaluar el lenguaje gestual de los negociadores, ya que suele aportar una valiosa información para destrabar un proceso de negociación. Él es quien debe establecer las condiciones para generar un buen clima de negociación, quien es capaz de aconsejar mecanismos para controlar los momentos hostiles que pueden ocurrir en cualquier negociación y educar sobre las mejores formas de generar conexión entre las personas. La historia de Nelson Mandela es un buen ejemplo de estrategia negociadora desde lo humano.

El negociador creativo

Este es uno de los roles más importantes pero a la vez uno de los menos usados por los negociadores. Existen infinidad de técnicas para encontrar opciones creativas que la mayoría de las veces no solo sirven para destrabar negociaciones sino para agrandar la torta y que las partes puedan obtener una tajada mucho más grande. Es cierto que algunos de nosotros podemos ser más creativos que otros, pero no es menos cierto que siguiendo ciertos buenos consejos podemos utilizar técnicas para encontrar soluciones a nuestros conflictos. Es importante tomarnos un tiempo para generar ideas creativas valiéndonos de las mejores técnicas. Tanto en la etapa previa de planificación como después, en plena negociación con la otra parte, es posible compartir creatividad y encontrar mejores soluciones. Aplicar la creatividad genera esquemas ganar-ganar para ambas partes.

El negociador detective

Es muy común que los negociadores promedio no se tomen el tiempo necesario para recabar la información y abordar con éxito una negociación. El adagio "la información es poder" tiene una relevancia extraordinaria en cualquier negociación. El rol de negociador detective debe asumirse con toda intensidad, y así es importante obtener información de las partes y del tema a negociar hasta agotarlo y, una vez que uno cree que ya lo ha agotado, pensar en que todavía hay mucha más información que puede conseguirse. Las fuentes de información son múltiples; incluso en algunas negociaciones la opinión de alguien ajeno puede resultar decisiva. Un buen consejo es recordar a uno de los más famosos detectives de la historia, Sherlock Holmes, quien se destacaba por su inteligencia, su habilidad para la observación y el razonamiento deductivo a la hora de resolver casos difíciles.

El negociador matemático

Alguien debe encargarse de llevar los números y datos duros que surjan durante la negociación. El negociador matemático es quien tiene que llevar adelante las lógicas numerarias. Si hay ofertas, anotarlas, examinar sus plazos y la incidencia económica si hablamos de dinero. Sacar cuentas, saber de ecuaciones financieras, aplicación de intereses, etc., es una labor que conlleva toda gestión negocial.

El negociador relojero

El tiempo es un factor de poder central en cualquier tipo de negociación. Quien maneja el poder del tiempo puede imponer mejor sus condiciones negociadoras. Asumir la actividad del negociador relojero es pensar en cómo afecta el tiempo a mi parte y cómo afecta a la otra parte. El negociador detective nos debe anoticiar de toda la información relacionada con el factor tiempo. Su labor no se agota en analizar cómo juega el tiempo para cada una de las partes, debe saber cómo ganar tiempo si lo necesita y cómo acortar el tiempo si le juega en contra. Quien controla el tiempo controla la negociación. La historia sobre la Guerra de Vietnam es un claro ejemplo de ello. Nunca deje que lo manipulen con el factor tiempo. Lleve su estrategia pensada para fijar reglas de juego en materia de tiempos de negociación.

Etapa III

El negociador periodista

Alguien debe llevar adelante la estrategia comunicacional y alguien debe asumir el rol de entrevistador para obtener más información en la mesa de negociación. Algunos periodistas suelen ser excelentes entrevistadores y lograr exprimir al máximo a su entrevistado para obtener la información que quieren. Otros periodistas suelen ser maravillosos en materia de comunicación. Tanto una función –entrevistador– como la otra –comunicador– suelen ser fundamentales en cualquier tipo de negociación.

Etapa IV

El negociador juez

En esta última etapa, cuando la negociación se encuentra agotada, es muy importante hacer un análisis retrospectivo de todo el proceso de negociación, desde su inicio hasta su finalización. Asumir el rol del negociador juez sirve para generar una suerte de autoaprendizaje para negociaciones venideras. Adoptar este papel significa revivir el proceso de negociación y establecer las virtudes y los defectos de nuestra actuación. Marcar las fortalezas y las debilidades, y de alguna manera también hacer un análisis crítico del resultado. Si fue bueno, por qué lo fue, y cómo podría haber sido mejor. Si no pudimos acordar es importante que sepamos cuáles fueron nuestros errores o eventualmente qué podríamos haber hecho para sortear los problemas que surgieron e impidieron llegar a un acuerdo.

Resumen

Cualquiera de los tipos de negociadores reseñados pueden ser necesarios más allá de la etapa en la que hemos definido su intervención. Es posible que la visión de un negociador psicólogo sea también importante a la hora de participar en la mesa de negociación. El Modelo de las 10 profesiones es novedoso porque con solo acordarnos de esas profesiones antes de iniciar una negociación podemos organizar un buen trabajo de preparación. Y si todos estos consejos no lo ayudan, le damos un último buen consejo: consulte a un experto.

BIBLIOGRAFÍA

Cardoso, O. R.; Kirschbaum, R. y Van der Kooy, E.: *Malvinas. La trama secreta*. Editorial Sudamericana, Buenos Aires, 1983.

Carlin, J.: *El factor humano*. Seix Barral, Barcelona, 2008.

Costa García, M.; Galeote Muñoz M. P. y Segura Gálvez, M.: *Negociar para con-vencer. Método, creatividad y persuasión en los negocios*. Editorial McGraw Hill, Madrid, 2004.

De Bono, Edward: *Seis sombreros para pensar*. Granica, Buenos Aires, 1988.

Fisher, R.; Ury, W. y Patton, B.: *Sí, de acuerdo. Cómo negociar sin ceder*. Grupo Editorial Norma, Bogotá, 1985.

—— y Shapiro, D.: *Las emociones en la negociación*. Granica, Barcelona, 2008.

Goleman, D.: *Inteligencia emocional*. Kairós, Barcelona, 1996.

——: *Focus. Desarrollar la atención para alcanzar la excelencia*. Kairós, Barcelona, 2013.

——: *La fuerza de la compasión*. Kairós, Barcelona, 2015.

Gordon, M. M.: *Técnica Iacocca*. Editorial Diana, México, 1986.

Huber, L.: *Manual Thinking. La herramienta para gestionar el trabajo creativo en equipo*. Empresa Activa, Barcelona, 2014.

Ingouville, F.: *Del mismo lado: 90 cuentos y algo de teoría para llevarse mejor con la gente*. Grijalbo Mondadori, Buenos Aires, 2001.

Luchi, R. y Zamprile, A.: *Negociaciones complejas*. Temas Grupo Editorial, Buenos Aires, 2013.

Malhotra, D. y Bazerman, M. H.: *El negociador genial*. Empresa Activa, Barcelona, 2013.

Mnookin, R. H.: *Pactar con el diablo. Cuándo negociar y cuándo luchar*. Planeta, Barcelona, 2011.

Patton, B.; Heen, S. y Stone, D.: *Conversaciones difíciles. Cómo dialogar sobre lo que realmente importa*. Grijalbo, Barcelona, 1999.

Ponti, F.: *Los caminos de la negociación*. Granica, Barcelona, 2002.

Redorta, J.: *No más conflictos*. Paidós Ibérica, Barcelona, 2007.

Shell, G. R.: *Negociar con ventaja*. Antoni Bosch Editor, Barcelona, 2005.

Stone, D.; Patton, B. y Heen, S.: *Negociación. Una orientación para enfrentar las conversaciones difíciles*. Grupo Editorial Norma, Bogotá, 1999.

Ury, W.: *Supere el NO*. Grupo Editorial Norma, Bogotá, 1995.

———: *El poder de un no positivo*. Grupo Editorial Norma, Bogotá, 2007.

Voss, Chris: *Rompe la barrera del no*. Editorial Conecta, Barcelona, 2016.

ACERCA DE LOS AUTORES

FRANC PONTI es profesor del Departamento de Estrategia, Liderazgo y Personas en EADA Business School (Barcelona). Se ha especializado en negociación, gestión de conflictos, creatividad e innovación, y recorre todo el mundo para transmitir su experiencia a través de conferencias y seminarios sobre dichos temas. Es doctor en Economía y Empresa por la Universidad Central de Cataluña (UVIC), licenciado en Humanidades y máster en Sociedad de la Información por la Universidad Oberta de Catalunya (UOC), y diplomado en Psicología de las Organizaciones y en Dirección de Empresas por EADA Business School (Barcelona). Completó sus estudios en la Universidad de Harvard y el MIT. Entre otras obras ha publicado: *Los caminos de la negociación* (2002), *Ampliar el pastel* (2004) e *Inteligencia creativa* (2013). www.francponti.com

MIGUEL A. R. DONADÍO es abogado y escribano, egresado de la Universidad Nacional de La Plata (Argentina), y ejerce su profesión en Bahía Blanca (Argentina). Es posgraduado en Negociación por la Universidad Católica Argentina (UCA). Ha realizado cursos y seminarios de negociación a lo largo de su extensa carrera profesional entre los que se destacan: Proyecto Harvard Law School a través del CMI International Group LLC, Programas "El arte de negociar" y "Avanzado de negociación" en la Universidad Austral (Argentina); Curso de Negociación Estratégica en la Escuela Argentina de Educación Ejecutiva (EAEE); Seminario de Negociación Creativa en la Universidad de Palermo (Argentina), etc. Ha participado también de gran número de cursos sobre creatividad e ideado un programa radial acerca de negociación con una producción de más de 200 ediciones semanales.

www.ingramcontent.com/pod-product-compliance
Lightning Source LLC
Chambersburg PA
CBHW060613210326
41520CB00010B/1323